2020 年江苏高校“青蓝工程”中青年学术带头人
等教育教学改革研究重中之重课题“岗课赛证融通视域下高职旅游类专业人才培养模式创新与实践研究”资助出版

高校“三全育人”的创新理论研究

印　伟◎著

吉林大学出版社
·长春·

图书在版编目（CIP）数据

高校“三全育人”的创新理论研究 / 印伟著 . -- 长春 : 吉林大学出版社 , 2023.6

ISBN 978-7-5768-2344-8

Ⅰ . ①高… Ⅱ . ①印… Ⅲ . ①高等学校—人才培养—研究—中国 Ⅳ . ① G649.2

中国国家版本馆 CIP 数据核字（2023）第 207957 号

书　　名　高校“三全育人”的创新理论研究
　　　　　GAOXIAO “ SANQUAN YUREN ” DE CHUANGXIN LILUN YANJIU
作　　者　印　伟　著
策划编辑　殷丽爽
责任编辑　殷丽爽
责任校对　曲　楠
装帧设计　守正文化
出版发行　吉林大学出版社
社　　址　长春市人民大街 4059 号
邮政编码　130021
发行电话　0431-89580036/58
网　　址　http:/ / www. jlup. com. cn
电子邮箱　jldxcbs@ sina. com
印　　刷　天津和萱印刷有限公司
开　　本　787mm × 1092mm　1/16
印　　张　10.75
字　　数　200 千字
版　　次　2024 年 3 月　第 1 版
印　　次　2024 年 3 月　第 1 次
书　　号　ISBN　978-7-5768-2344-8
定　　价　72.00 元

前 言

百年大计，教育为本。新时代大学肩负着人才培养，为社会和国家服务的重大使命，而坚持把“立德树人”作为中心环节，培养党和国家需要的建设者和接班人是时代赋予高等教育的重要任务。高校要完成新时代党和国家交予的重要任务，必须要立足于新时代的高校思想政治教育工作，着重构建“大思政”格局，调动一切力量，整合各方资源，将思想政治教育工作贯穿教育教学全过程，努力达到全员、全程、全方位育人的“三全育人”局面。

“三全育人”是党和国家从新时代高等教育回应青年一代成长的人格养成与社会重大关切的高度，对中国特色高等教育育人格局、育人体系、育人路径的宏大命题所作出的战略思想方略。“三全育人”综合改革是新时代高校思政工作的重要抓手，它所倡导的育人理念，需要各个高校从服务育人、文化育人、实践育人、管理育人等不同的机制，进行不断的理论探索与实践创新研究，以便更好地融入学校立德树人的工作。

本书共五章，第一章为高校“三全育人”综述，内容包括高校“三全育人”的内涵及特征、高校“三全育人”的理论依据、高校“三全育人”的指导思想、高校“三全育人”的价值分析；第二章为高校“三全育人”的研究要点，内容包括高校“三全育人”的环境问题研究、高校“三全育人”的教育方法研究、高校“三全育人”的教育载体研究、高校“三全育人”的教育管理研究；第三章为高校“三全育人”的建设要点，内容包括构建高校“三全育人”的体系、构建高校“三全育人”的联动机制、构建高校“三全育人”的教育管理队伍、构建高校“三全育人”的评价体系；第四章为高校“三全育人”实践路径的创新，内容包括高校“三全育人”组织路径的创新、高校“三全育人”创新路径之实践育人、高校“三全育人”创新路径之文化育人、高校“三全育人”创新路径之思想政治教育资源整合；第五章为高校“三全育人”的创新探索，内容包括大学生思想引领与社会实践、借助网络创新高校思政教学模式、高校共青团与“三全育人”的创新、高校管理服务育人的创新。

在撰写本书的过程中，作者得到了许多专家学者的帮助和指导，参考了大量的学术文献，在此表示真诚的感谢。由于作者水平有限，书中难免会有疏漏之处，希望广大同行和读者及时指正。

印　伟

2022 年 12 月

目 录

第一章　高校“三全育人”综述

“立德树人”是教育最根本的任务，一般来说，“三全育人”指的是进行全员育人、全方位育人、全程育人三部分。对于全国各大普通高等院校来说，为完成“三全育人”最基本的教育任务，就需要各位教师与学校领导时刻谨记“立德树人”的根本任务，相关教育工作者要准确把握“三全育人”的丰富内涵，积极开展有效的“三全育人”的探索与实践，通过各种教学活动可以有效帮助学校加强自身开展思想政治工作的针对性与时效性。本章为高校“三全育人”综述，分别介绍了高校“三全育人”的内涵及特征、高校“三全育人”的理论依据、高校“三全育人”的指导思想、高校“三全育人”的价值分析。

第一节　高校“三全育人”的内涵及特征

“三全育人”一般是指全员育人、全方位育人、全程育人三部分，对于相关教育工作者来说，只有深入了解“三全育人”的工作内容，才能够根据需要进行有效实施。

一、高校“三全育人”的内涵

“三全育人”本身是一种在高校实行的教育理念，适用于对学生学习进行一个全面的、系统的指导思想，其本身是“大思政”格局形成的标志。“三全育人”从广义上来讲，其本身并不只是推行对学生的德育教育，还包含育人成才过程中各个方面的教育；但是，从狭义的角度上来看，“三全育人”本身较为偏向于德育教育，其本身基于时间与空间的角度上对高校推行的思政教育进行相关考量。

（一）全员育人的内涵

作为“三全育人”中的一部分，全员育人自身也包含三部分，分别是教书育人、管理育人、服务育人，这三部分都指向同一个结果，即不管是学校进行教书育人的教师还是进行相关管理工作的官员干部，又或者是在学校中进行服务的各个岗位职工都可以在完成自身本职工作的时候有意地对学校学生实行直接或者间接的思想政治层面的教育，这三种育人方式由此可以在一定程度上实现了系统育人的工作思想，展现出育人工作在时间与形式上的有机统一。

（二）全程育人的内涵

“三全育人”中的另一部分叫作“全程育人”，这种育人方式侧重于将育人工作贯穿于学生的学习生涯中，这种育人方式，是思政教育本身持续性与全程性的体现。对于刚刚进入高校进行学习的学生来说，不同的成长学习阶段自身都会有着不同的特点与身心发展规律，所以对于教育工作者来说，需要根据学生自身的变化选择合适的思政教育方式与内容对其进行教育，作为教育工作者需要坚持不断提升自身思政教育工作的实用性与针对性，确保学生能够学有所成，有效提升高校学生对思想教育的接受程度，由此促进高校思政教育的工作发展。

（三）全方位育人的内涵

作为“三全育人”的最后一部分，全方位育人本身的育人方向相较于前两部分的育人方式更加侧重于从空间角度进行育人，更加注重对学生进行多维空间不断拓展的育人方式，这种育人方式有效地实现了立体化育人。需要注意的是，在进行高校育人的时候需要将育人过程中的各个方面与环节进行有效结合，由此不断拓宽高校育人的通路，将显性教育与隐性教育进行有机结合，并最终使得思政教育可以以润物细无声的姿态逐渐渗透高校学生的学习生活中，从而有效实现高校学生的身心健康发展。

对于教育工作者或者是需要对“三全育人”进行深入了解的研究者来说，如果要对其进行深入了解与实际掌握，就需要对“三全育人”本身的要素内核进行深入了解，不只如此，还需要对“三全育人”中所包含的全员育人、全程育人、全方位育人之间的关系进行准确的掌握，以及对这三部分的逻辑关系与美中育人要素的作用于地位进行了解与掌握。

经研究发现，在实行“三全育人”的过程中需要先实现全员育人，即需要高校的教师、管理者、职工等人正确认识自己的职责，将思政教育的思想融入日常生活中，在高校教室、生活与学生自身的家庭中实行全员育人的理念，就能够更好地实现之后的全程育人与全方位育人，其中作为全员育人推进过程中的纽带，全程育人与全方位育人在空间性与时间性上的融合能够有效实现相互之间的沟通。毕竟在“三全育人”中，这三者是相辅相成，相互作用的，只有经过相互配合才能够实现高校需要的“一体化”育人体系，这种体系的建造是为了贯彻落实党和国家要求的培养新时代高素质与高水平人才的目标。

二、高校“三全育人”的特征

对于高校教育而言，“三全育人”这一理念本身是一种“大思政”的教育模式，它自身在进行育人的过程中不只是涉及育人的各个方面，还需要团结与利用教育工作过程中任何能够利用的力量，一般而言，它自身有着以下几种特征。

（一）“三全育人”的系统性

“三全育人”的系统性，对于育人工作而言，这是一个系统工程，在开展育人工作的过程中需要各方进行合作、配合、帮助等工作，由此才能够实现育人合力。众所周知，“三全育人”这一育人理念是基于大思政的格局而提出的，所以说，实行“三全育人”的高校应当建立一个有着健全党委进行统一的领导，有着党政群团与各部门进行共同参与的育人体制。在进行思政教育的时候，可以通过各种能够使用的力量进行育人职能的发挥，充分实现将思政教育无声无息地融入日常生活中，由此实现思政课程到课程思政的转变，并最终形成高校德育教育的新形势。与此同时，还需要将学校、家庭甚至于社会进行联合，通过育人合力的试行，确保良好的育人效果。

（二）“三全育人”的全面性

“三全育人”本身具有全面性，对于教育工作者或者任何一个教育主体而言，实现人的全面发展就是教育自身所要追求的最完美结果。对于高校而言，育人的最终结果就是要实现立德树人，使得经过教育的学生自身德才兼备，高校能够通过教育使得受到教育的学生获得更为开阔的视野。而且需要注意的是，高校在进行育人工作的时候，不只是要传授专业知识、德育知识，还需要有意识地提高学生自身的文化素养，由此才能够帮助学生更好地开阔自身的视野。除此之外，高校在进行育人的时候还需要格外注意对于学生的德育教育、体育教育以及美育教育，引导学生开展社会实践，通过各方面的作用与影响，最终实现学生的全面发展与健康成长。需要注意的是，“三全育人”的主体是人，是需要教育培养的学生，所以说一切教育获得都需要以学生为根本，选择合适的方法对学生进行教育，使其能够有效掌握科学文化知识，以及拥有健康的身体素质与良好的心理素质，养成良好的道德品格。

（三）“三全育人”的全程性

“三全育人”拥有的最后一种特性是全程性，这种特性本身具有长期性与反复性的特点。需要注意的是，在高校进行三全教育的时候，为了保证使学生获得有效的思想品德教育，就需要有意识、有计划、有规律地将德育教育贯穿学生的学习生活中，使思政教育存在于学生学习的全过程。但需要注意的是，在进行学习的过程中，不同的学生会因为自身的种种原因而获得不一样的学习体验，这就需要教育工作者能够根据不同学科的不同特点进行不同教学内容的分配，这种方式能够帮助学生更好地获得教学信息，使得教育工作的能够获得更好的教学效果，这种教学方式对于育人的针对性更强，最终的效果更加明显，这就体现了“三全育人”自身的全程性特点。

第二节　高校“三全育人”的理论依据

一、人的全面发展理论

（一）马克思“人的全面发展理论”

马克思主义的基本原理十分丰富，其中人的全面发展理论十分重要，我国的社会主义教育事业依靠这一理论制定发展路线，并且为教育政策和方针的制定提供理论基础。基于马克思主义理论，人的全面发展首先要突出“全面”，不仅包括人的智力和体力要充分自由发展，还包括要让智力和体力的发展更加协调。肩负起我国伟大复兴事业的建设者和接班人必须德智体美劳全面发展的责任，这也是我国教育事业的目标和任务。

人的全面发展在马克思主义理论中有着深刻的内涵。从个人层面来看，人全面发展代表人的活动、个性和素质的全面发展。从社会层面来看，马克思认为，人在社会中的关系也要全面地发展。从更高的层面来看，人类的全面发展是马克思主义所最终呼吁的。人们开展教育是希望教育能够为人们形成一种状态，也就是人们经受过教育之后可以得到全面的发展，每个人在实现个人全面发展的同时还可以和社会共同发展。在人的全面发展理论中，德育十分关键。德育在教育中主要是针对教育对象的信念、品德和思想观念等的教育，使这些人类的要素可以符合社会发展的需求，除此之外，人们的体力和智力等发展也可以通过德育来推动和导向，为其提供精神动力。所以，德育的实施有利于促进个人的发展，也有利于推动社会的和谐进步。

（二）“三全育人”与“人的全面发展理论”

人的全面发展理论是实施“三全育人”理念的基础，学生教育的核心是育人，而育人的核心是德育。要实现这一目标就要将各方面的力量统筹协调起来，让培养学生的力量更加强大，形成合力。

人类的发展始终是人们探讨研究的永恒话题。人类出现在地球上之后，人类的一切活动目标都是让自己更好的生存和发展。法国空想社会主义者克劳德·昂利·圣西门（Claude-Henri de Rouvroy）在19世纪的时候就已经提出了“全面发展的人”概念。这里的人的全面发展理论基础是人性论和人的本质论，探讨的话题就是人全面发展的标准，要看人的发展是否符合人的本性或者说本质。虽然空想社会主义关于人发展的构想出现最早，但是这一构想有一个致命的缺陷就是没有将人放在社会实践中观察，这种构想也就不符合实际，犹如空中楼阁，所以，也就没有办法回应人全面发展的历史必然性，更不用说可以找到实现发展的路径。空想社会主义者“人的全面发展”之构想之所以不符合现实情况，具有空想性，是因为这些研究者并没有对资本主义社会的现状和本质有一个清晰的认知。现在看来，虽然空想社会主义中人的全面发展研究带有时代局限性，但是这一论断并不是没有可取之处，它为之后马克思和恩格斯“人的全面发展”理论提供了理论基础。

马克思主义关于“人的自由全面发展”思想理论形成的过程和哲学的基础、对人的认知和对社会本质认识的发展过程是相互影响和促进的关系。之后，马克思和恩格斯形成历史唯物主义理论，在这个理论系统中，人的本质研究进一步发展，马克思和恩格斯的历史唯物主义理论是建立在对资本主义的现实社会分析之上的，因此，马克思“人的自由全面发展”理论和政治经济学的相关理论具有现实意义。马克思主义的“人的全面发展”定义是人的全面性包括能力、智力、需求、品质、社会关系等，这些人的各方各面都要进行挖掘，这也表现了人的完整性。但是无论人哪一方面的发展，都需要他人和社会的帮助才能成功。这是因为人本身就具有社会属性，人在社会中必然会产生各种社会关系，并且依靠这些关系发展。第一，人和人之间就要互相依赖；第二，人对物质的依赖也是必需的。但是在人全面发展中要逐渐将对物质的依赖缩小直至摆脱，最终发展成为一个“自由的人”，这样一个过程就是人的自由全面发展。这也是人类社会和人的最高理想境界。

将马克思主义“人的全面发展”理论进行中国化发展也经历了漫长的探索和创新的过程。中国探索出来的中国特色社会主义关于“人的全面发展”内涵主要包含三方面的内容，第一，要让人的合理物质需求和精神需求共同得到满足；第二，要提升人们的综合素质；第三，人各方面的才能与创造性获得尊重以及参与社会实践的主动性被保护。[①]但是，怎样真正在实践中实现人的全面发展呢？对于这个关键问题，我国经过几代领导人的带领和自主探索，发现教育在实现人全面发展中的重要作用。人的全方位发展依靠教育才能实现。人本身就具有独特性，每个人都有自己的特点，体现在个性、才能和智力等方面，教育的任务就是将人的这些潜能和特长挖掘出来，将人们塑造成独特的人。罗伯特·欧文是英国的空想社会主义者，他曾经提出了一种将生产劳动和教育相结合的教育机构设想，马克思针对这种设想在《资本论》中表示了赞赏，马克思认为，提高社会生产力的方法之一就是将生产劳动同智育和体育相结合，在生产实践中受教育者的各种能力都能够得到挖掘与锻炼，这也是造就全面发展人的唯一方法。[②]“三全育人”的理念其核心放在了“育人”身上，就是强调要将一切力量调动起来，育人要从全方位进行学生的思想政治教育。

① 彭一平. 从新民、新人到人的全面发展：马克思主义“人的全面发展”理论的中国化进程 [M]. 长沙：中南大学出版社，2007.

② 马克思 . 马克思恩格斯全集 [M]. 中共中央马克思恩格斯列宁斯大林著作编译局译，北京：人民出版社，1974.

二、思想政治教育过程论

（一）思想政治教育过程的概念

思想政治教育过程是指教育者对受教育者施加教育影响，使受教育者产生内在的思想矛盾运动，从而形成一定社会所期望的思想品德过程。[①]思想政治教育的过程又包含主体、客体、介体和环体的基本要素。

在思想政治教育的过程中，教育者是主体，教育者对受教育者施加影响，这种影响也是需要承担直接责任的；受教育者是客体，所以只能被动地承受被施加的影响；主体对客体进行思想政治教育的内容形式、方式方法属于过程介体，会对实际的教育效果产生影响；环体其实就是环境因素，为思想政治教育的进行提供外部和内部的环境。在思想政治教育的过程中，各种各样的矛盾存在其中，但是这些所有的矛盾中永远存在一个主要矛盾，这个主要矛盾并不是只存在于过程中的一环上，而是存在各个环节中，这个主要矛盾就是受教育者实际表现出来的思想品德水平是否可以达到社会所期待的思想品德水平，主要矛盾对思想政治教育的效果发挥起到重要的制约作用。受教育者的思想品德水平可以因此被分为两种情形，一种是当前的思想品德水准可以满足社会的思想品德要求，另一种正好相反，是无法满足社会的需求。

当受教育者的思想品德水平落后于社会要求时，教育者就需要及时介入，运用合适的方法对受教育者施加教育影响，提高受教育者的思想品德水平，使之能够满足社会需要。

受教育者的思想品德水平不能满足社会的要求时，这个时候就需要教育者的介入，教育者要采用恰当的方式来对受教育者施加影响，促进受教育者的思想品德水平提高，最终满足社会的需要。在对受教育者施加教育影响的时候要遵循矛盾在发展过程中的规律：一是教育要求与受教育者思想品德发展之间保持适度张力，这里的要求既包括国家层面，又要涵盖高校领域的要求；二是教育者所教与受教育者所学相统一的规律；三是把控影响思想政治教育效果的各种因素共同发挥作用的规律。[②]

①《思想政治教育学原理》编写组．思想政治教育学原理 第 2 版 [M]. 北京：高等教育出版社，2018.

②《思想政治教育学原理》编写组．思想政治教育学原理 第 2 版 [M]. 北京：高等教育出版社，2018.

（二）思想政治教育的协调控制律

协调控制思想政治教育的基本规律，这项规律也得到了社会学者的重视。由于我们在不断推行德育的建设，社会在受德育开放性的影响，思想政治教育在开展过程中也会受到各种因素的影响，各个因素的影响会给社会带来各种负面的效果，为了抑制这些负面的效果，要对教育的主体进行协调，这样才可以让各种因素同向发挥作用。各种思想政治教育的要素要协调一致。

首先，思想政治教育的组成要素要明确社会的要求，坚持正确的政治导向。对社会的发展形势要有一定的预见性，并且在这个正确预见性的基础上制定相应的教育方案。教育方案的制定也要以基本的国情为基础，不能让思想政治教育和现实社会的发展相背离。“三全育人”的教育模式在开展的过程中一定要从我国德育的现实问题出发，其目的也要聚焦到对现实问题的解决上来，因此“三全育人”教育模式是符合我国国情的，也是对立德树人教育方针的践行。

其次，各组成要素同向发挥作用。高校教育管理中，要统一党委组织的领导，各个行政管理部门也要做好管理和服务的工作；不断推动教育内容向着完整性方向发展，保持教育方法的先进性。“三全育人”在实施过程中要确保对主体、空间和时间三个要素的重视，要将三个要素相协调配合，这样才可以形成德育的正合力。思想政治教育的每个阶段都要衔接在一起。思想政治教育工作开展的基础是正确把握教育对象身心发展的阶段性、思想品德发展的过程性特征，根据教育对象的身心发展规律将教学目标按照阶段性制定出来，一定要让教学的内容和教育对象的认知发展规律相符。一方面，要将德育的工作和大学生的学习过程结合起来，大学生的思维特点、生活阅历和认知程度等方面都不相同，有一定的差距和特点，要根据这些差距和特点制定出不同的教学计划，要将育人的过程中不同的发展阶段衔接起来。另一方面，对大学生思想观念的变化时刻关注，这样才能及时满足学生成长过程中产生的各种需要。思想政治教育的不同影响要辩证统一看待。首先，不同教育主体产生不同影响，要协调好这些影响。教育者的认知水平、思想品德、生活阅历等生活和学习背景十分不同，因此，教育者主导教育活动产生的影响具有不协调性。

最后，要注重社会影响，形成“三教合一”。现代社会互联网不断发展，国家与国家之间的距离也不断缩小，但是互联网信息呈现出海量化、复杂化、水平参差不齐的特点，学生的辨别能力比较低，一些不良的互联网信息会给学生带来消极的影响，让学生接受的学校教育和家庭教育影响和社会影响之间出现矛盾。“三全育人”更加强调德育的空间性，要让德育的力量和资源更好地发挥出来，强化正向的影响，让这些不良的反应和矛盾逐渐化解，让影响之间更加协调一致。

第三节　高校“三全育人”的价值分析

一、高校“三全育人”的价值目标

新时代高校开展“三全育人”实践，既是新时代高等教育发展的现实需要，又是高校落实高等教育目标和任务，培养社会主义建设者和接班人的迫切需求。

（一）强化思想政治工作“生命线”

“生命线”是主线，是发展人、发展社会的中心，高校思想政治工作是承前启后的育人工作，是保障大学生具备优良思想政治素质，并且是发挥能动性的重要工作内容。从具体的高校育人实施过程看，思想政治工作这条生命线不只代表着思想政治教育的关键性、紧要性，更是连接高校思想政治工作的“主线”，新时代高校“三全育人”实践中形成的思想政治教育体系，构成思想政治工作“生命线”的主体和脉络。

1.“全员育人”呈现育人主体“生命线”

高校思想政治教育的主线是“人”的思想和行动。全员育人要求高校将整个高校教育教学系统中的人全部调动起来，要借助思想政治工作的开展来引领育人工作的方向、内容和方法，让全体教职工积极参与、科学推动思想政治工作的开展，并结合时代发展要求对育人的理念、方式进行创新与优化，保持育人的生命力。“全员育人”将思想政治工作加以分工和协调，强调所有职能部门都要在全员育人的指导下，明确自身的育人和思政责任。“三全育人”中的全员育人实际上是对高校育人队伍建设的指导，是为了保证全部教职工都发挥育人的作用。虽然近年来高校以“三全育人”实践为契机，对育人的主体进行了细分和明确，但由于缺乏精准度和科学规划，所形成的育人合力并不强，而这就需要结合“三全育人”的实际需要，进行科学谋划和准确实施，以形成强大的合力为导向，整合力量与资源，形成全员育人的有力机制。同时，学校各部门在履行职责时，要在业务工作的基础上强调思想政治工作，使全体教职员工自觉地形成一种思想政治教育意识。

2.“全程育人”呈现高校学生成长“生命线”

大学生在高校学习和生活，是从少年到青年的成长过程。贯穿大学生成长“生命线”自然是思想意识的形成，而这个过程也使大学生逐步具备独立的世界观、人生观、价值观，为其未来进入社会生活和工作奠定思想认知和价值观念基础。高校生活是大学生成长的“生命线”，“全程育人”的思想就是要在大学生的生活、学习过程中融入思想政治教育的内容，使学生从大一开始直至就业都能够接受思想政治教育的引导。“全程育人”让大学生在成长过程中的任何阶段都可以感受到思想意识的教化和精神世界的熏陶。全过程育人所关注的是大学生在不同学习时期的特征表现，并将思想政治工作贯穿到学生成长的前后，并做到有始有终，借助针对性的思想政治工作引导大学生成长。同时，“全程育人”强调在出现新情况、新特征时，高校要进行有效的调整，围绕和抓住思想政治工作的育人“生命线”，达到全程育人的实际效果。

3.“全方位育人”呈现环境“生命线”

马克思主义理论中提出的教育与环境互动理论，环境影响人，也塑造人。据此可以看出，高校教育环境的改变，自然会在一定程度上影响大学生的思想意识发展。“全方位育人”所考量的正是学校、社会、家庭环境对大学生思想的影响和塑造。“全方位育人”中，高校可以全方位地将各种环境资源加以整合，形成协调统一的育人环境。思想政治教育的“生命线”贯穿于环境要素之中，这使大学生在横向上获得不同层面的思想意识干预。环境要素交叉、互动的多样性载体，形成多角度的育人“工具”，诸多环境因素都围绕“生命线”释放自身的育人能效，进而使育人的环境得以丰富和发展。“三全育人”中的全方位明确了不同领域、不同类型和不同层次环境要素在大学生思想政治工作开展中怎么用的问题。在对大学生进行思想政治教育时，高校要结合育人实际，通过家、校、社“三位一体”和点面交叉、上下联动、多样载体、不同形式的组合，来提高思想政治教育的科学性和有效性。[①]“全方位育人”发挥了环境层面影响人、塑造人的潜移默化效果，在有序的环境干预下，大学生的思想意识自然也就会呈现出良性发展的情况，思想政治教育的“生命线”也可以获得更好的延伸和拓展。

（二）构建具有中国特色的“大思政”育人格局

“大思政”倡导的是建立广义和广泛的思想政治教育格局，即主张在人员、时间、空间范围内建立最广泛的思想政治教育体系，多方面、多层次开展有序的思想政治教育，这本质上是将多个育人体系、机制有效地结合起来，借助思想政治教育的基本原理和方法，形成完整的育人体系。新时代高校“三全育人”实践所契合的正是“大思政”的育人格局。从实施内容，目标和方法看，“三全育人”所关注的也正是围绕全部“育人”要素。

第一，“全员育人”为“大思政”提供了“人”的基础，是最为广泛的育人队伍建设目标。“大思政”格局在数量上的扩大主要体现在思想政治工作队伍的规模上，在质量上主要体现在思想政治工作的形式上。“大思政”格局中，人员的参与是基础条件，高校的全员参与推动是全体施教者思想意识的提升，以及思想政治工作内容的泛化。全体教职工的参与所体现的就是“大思政”理念，所形成的教育格局自然也契合“大思政”格局的需求。并且，这种育人方式将思想政治工作的影响扩展到了社会和家庭领域。并且，“全员育人”涵盖所有施教者，其中就包括社会中的同事、领导，家庭中父母、亲人等。高校建立的“大思政”育人格局，将高校作为大学生培养的核心，动员全体教职工参与到思想政治教育中，形成核心动力，将高校作为大学生培养的中心，并辐射影响社会、家庭等因素，使之形成向心力，最终完成育人的目标。

第二，“全程育人”为“大思政”格局构建提供了体系框架支持。任何系统都需要主干和框架的支持，才能实现系统性的构建。“大思政”格局构建的中心是育人，必须面对人的发展和人自我意识的塑造。“全程育人”在时间视域下为“大思政”格局的构建提供了育人的时间主干和框架，着眼于人的成长过程，主张积极拓展思想政治教育的范围。同时，“全程育人”从受教者角度充分认识到

① 路静，江波．积极推进“两结合”试点工作，构建“三全”育人新模式 [N]. 中国教育报，2014-06-16（18）.

人的发展特征，主张育人必须从人的本质出发，将人的发展过程、诉求，以及发展特征作为基础，针对不同的发展节点，进行思想政治教育理念、目标、内容的调整。从直观的时间节点看，不同年级的大学生、研究生、博士生，其思想意识存在一定的差异，且发展目标也存在不同，所以，思想意识培育对应的外部“育人”方法自然也表现出差异。如果不能遵循发展规律，切实地改变育人方法，则思想政治教育工作将无的放矢。因此“大思政”格局的形成，必须面对大学生成长中的需求，以时间为抓手，抓住学生发展和思想意识改变的关键矛盾，真正构建完整的“大思政”格局。

第三，“全方位育人”为“大思政”拓展了空间范围。思想政治教育在教育领域尤其是高等教育领域中具有十分重要的地位，为了促进高校思想政治教育工作的开展必须建立起综合性的育人体系。为了建立良好的育人体系，要在思想政治教育工作中逐渐打破学科的界限，同时将育人的空间拓展开。高校的思想政治教育研究和实践会随着工作的推进不断深入发展，更多的学科和层面会因此不断融合，包括学生的心理、精神、生活以及学习等，人们会越来越认识到环境对人的影响价值，并且重视环境的教育因素，将思想政治教育的元素融入环境中，从潜移默化中加强学生的思想政治素养。

建立起“大思政”的教育格局，同时这种格局在所有的育人领域中占据核心地位，是最广泛和深入的格局，同时，推动“大思政”的育人方法也更加向着隐性的方向发展。如加强人文关怀与心理疏导，促进大学生身心和人格健康发展，以人的全面而自由发展为不竭动力。大学生是在一定环境下成长的，因此必然会受到环境的影响，高校在育人过程中居于核心的地位，育人涉及的方面也是多样化的，不仅要知识育人、道德育人和课程育人，同时要和家庭与社会合力形成育人的综合环境。所以，为了顺利构建“大思政”的格局，要利用隐性教育和环境教育的作用，将显性教育和隐性教育相结合。整体来看，高校在实施思想政治教育工作的过程中，其重要的一环是实施思想政治理论课的教学活动，这一门课程的施教时间是固定的，每一位进入大学校园的学生都要在初期接受思想政治理论课的教育，但是像思政课程和实践活动等形式的思政教育方式施教时长是不固定的，任何有意识的行为活动都可以融入思政课程的内容和思想，在校园形成思政教育思想的隐性环境，将固定的传授和环境的影响结合起来，形成的“大思政”

教育格局是最广泛的，也是效果最为良好的。因此，全方位育人促进“大思政”格局不断构建和完善。

（三）培养全面发展的社会主义建设者和接班人

全面深化的改革和发展形式，使中国特色社会主义建设在人才方面的诉求更加迫切。此时，培养适应中国特色社会主义发展的人才队伍就成为高校必须肩负的责任。高校作为培养前沿人才的重要阵地，其在人才的全面发展方面也承担着重要的责任。高校的教育格局、教育理念也必须在社会发展、科技革命中进行调整，培养具有全面素养的人才，以适应社会发展与技术革新的诉求。其中，思想政治教育就成为培养人才“道德”素养、“政治”素养，为人才精神世界发展提供教育支持的关键，可见，思想政治教育是学生全面发展的重要教育内容。从马克思主义的全面发展视角来看，人精神世界的解放与发展是至关重要的，是人超越自我的基础。社会主义的发展目标是将人的发展与社会发展结合起来，通过人的自我发展推动社会发展，从而体现人的价值。

在不断地社会化进程中，个体通过学习获得知识与技能，并在参与社会发展实践中逐步适应环境发展的要求，实现与社会的深度融合和同步发展。此时，自然人变成了社会人，个体与社会之间逐渐形成紧密的关系，而人自身的价值也通过社会活动得以实现，并逐步实现了人的自我发展。对于个人的发展而言，只有准确掌握“自己与环境”的关系，熟悉“自我与他我”的关系，才能找准自己在社会中的位置。人的社会关系的形成往往是潜在的，需要多方面培养。这正如马克思在《青年在选择职业时的考虑》一文中提到的，“我们在社会上的关系，还在我们有能力对它们起决定性影响以前，就已经在某种程度上开始确立了。”[①] 这启示我们，人的培养不能只着眼于当前，而应渗透到“之前”和“之后”的全过程。同时，人的培养也需要社会的熏陶。社会，是实现人全面发展的重要“场域”。反之，对于社会而言，如果没有个体的存在，则不能成为真正的“社会”，只有人与环境的充分融合，才能构成社会，失去个体的支持，社会无法运行。可见，人与社会乃至人的发展、社会发展都存在相互作用的关系，其中，人是社会发展的重要基础，当个体期待与社会期待一致时，社会就进入了理想状态，即个体发

① 马克思．马克思恩格斯全集：第 40 卷 [M]. 中共中央马克思恩格斯列宁斯大林著作编译局译，北京：人民出版社，1979.

展诉求与社会发展诉求实现了契合，推动了社会的持续进步。人的全面发展必须建立在与社会目标一致的基础上，只有这样，才能实现个体的持续性发展。反社会的行为或者发展趋势不能与社会发展相融合的情况，会导致个体无法与其他个体相互接纳。每个个体在发展中都会形成差异化的价值观、道德意识，进而使个体对自我的发展与社会的发展契合出现一定的认知偏差。此时，个体的发展或者行为意识就容易背离所处社会的发展诉求，从而阻碍自我与社会发展的契合。思想政治教育作为促进个体社会化的主要方式和路径，正是依据社会发展的诉求来引导个体的思想意识、价值观念，预防完全背离思想意识的形成，使人的思想意识形成和发展顺应社会发展的诉求，促进个体发展与社会发展相融，才是思想政治教育的真正价值所在。

我国高校培育出来的人才是为了建设和发展社会主义体制，这些人才是社会主义理念的继承者。在不断的探索和发展过程中，我们更加确认社会主义制度和道路的优越性，并且在新时代这种优越性也在不断地呈现出来，发展结果使每个社会成员的自我发展和社会发展越来越契合。在新的发展时代，大学生对权威的态度也发生了转变，原来对权威，大学生往往展现出来的是盲目依赖和崇拜，甚至会有畏惧心理，但是随着时代的发展，进入信息爆炸的时代，大学生对权威的态度更加趋于冷静的观察和思考，有了自己的态度和看法，甚至有时还敢于质疑和挑战权威。面临一些道德问题，大学生更加倾向于听从自己的态度和内心，根据自己对道德法则的理解来解决。

这种情况下，只有将思想政治教育和高校的育人活动结合起来，“把个人之小我融入群体、人民和祖国之大我之中”①，培养出来的人才才能更加符合社会的需求，对社会主义的发展也更加有帮助，同时，这种教育格局也能使个体的发展需求得到满足，社会主义的发展优势在其中更加凸显。思想政治教育和高校育人的结合逻辑在于个体的发展更加向着个性化和多样性的方向发展，同时必须注意的是，无论是生存环境还是发展环境都是不能脱离社会的，否则将没有意义。在这种两种融合的教育格局中，个体发展最终的追求是得到社会的认可，这种情况下为了让个体的价值在一定程度上得到最大程度的发挥，就必须让个体的发展顺应社会发展的规律和方向，否则，社会中的各种环境因素还会成为制约个体发展

① 骆郁廷.理想信念是中国共产党凝聚力的核心[J].思想教育研究，2021（4）：6.

的障碍，社会不会认同这种违背发展规律的发展，从而导致个体和社会之间出现矛盾，不光个体发展受到阻碍，社会的发展也会受到影响。

基于此，高校育人的目标就是培养出适应社会价值体系的人才，并且可以得到社会价值的认同。个体思想意识和社会价值体系想要结合起来必须有一个连接的桥梁，思想政治教育就是这个最为合适的选择，思想政治教育通过将个体的行为和思想引导到符合社会发展的思想意识和价值取向上来，让教育起到应有的作用，培养出更多的社会主义建设者和接班人。高校的“三全育人”正是针对这种个体和社会融合发展的完美方法，可以让个体的发展和社会更加契合。

二、高校“三全育人”的价值意蕴

全员、全过程、全方位育人的“三全育人”是党和国家从新时代高等教育回应青年一代成长的人格养成与社会重大关切的高度，对中国特色高等教育育人格局、育人体系、育人路径的宏大命题所作出的战略思想方略。习近平总书记高度重视高等学校教育工作，针对高等学校“培养什么人”“如何培养人”的高等教育的根本问题，多次发表重要讲话，强调要加强全员育人、全过程育人、全方位育人，使“三全育人”成为一种具有丰富内涵的中国特色社会主义教育思想，展示新时代高等教育在教育理念、教育形态、教育模式创新发展方面的时代特征与内在要求，推进高校育人从教育理念到思想内涵，从价值观到方法论的深刻变革。

（一）突出高校“育人”核心价值

教育的目的是培养人，属于一种社会实践活动，这也是教育的基本属性，有了这个基本的社会实践活动属性，才有了其他的诸如政治、经济和文化功能的属性。我们在看待我国立德与树人的关系时最好从以人为本的基本认识出发，要做到立德树人的核心就是“人”，围绕“人”这个主体来育人。树人的前提是立德，但是同时立德也是树人的归宿，在高校的育人工作中，要始终处理好育人与造材、教育性与学术性、知识与价值等问题的关系，这也是我们认识“三全育人”价值思想的理论基础。“三全育人”的教育思想理论具有深刻含义。

第一，大学办学的教育目标要始终指向“人”的发展目标。教育的一切工作和落脚点都是为了“人”，因此为了实现教育的根本价值追求，我们首先一定要对人的本质有一个清晰认识。现代的高校中，不光是学生和教师，学校本身都面临很多的选择和诱惑，同时肩上的任务更加沉重。但是无论大学的规划目标是什么，无论是为了建成一流的大学还是为了让学校的重点学科水平更加提高，学校始终要围绕着学生的培养来进行工作。大学最根本的核心任务就是“育人”，这也是大学基础功能的体现。未来的发展和变化是捉摸不定的，面对变化和发展十分迅速的现代社会，大学的管理和经营从各个方面都要围绕着人的发展，根据人的发展需要来调整经营和管理的方向。大学办学的目标是培养出适合社会发展的人才，这种人才要充满对美好生活的向往，也要对未来充满期望，并且要有一定的创造能力，这样才有能力推动社会的不断进步。

第二，价值观教育是“人的教育”中的显性主题。对人进行教育就一定要关注人的精神和灵魂，教育的主题无论发展了多少年都离不开道德教育这一话题，根据多年的调研，联合国总结出现代高等教育出现的最典型危机，分别是道德危机、质量危机、财政危机，道德危机在这三个危机里被放在了首位，可见其重要程度。现代社会信息和技术不断发展，我们进入了信息时代和智能时代，基于新技术的发展，我们更加应该对价值观进行教育，不断深入研究，和不同主体之间建立起信任的关系。立德树人是我们发展中国特色社会主义教育的根本任务，体现了“三全育人”大思政教育格局的建立。

第三，大学一切办学活动要融入“教育性”。大学本身就具有教育性和学术性，大学正常运转才能保证其教育的顺利进行，否则大学办得不好将在一定程度上直接影响教育的质量。大学教育开展了很多的教育实践活动，包括教书育人、科学训练、管理思政、服务育人、思维培育、文化熏陶等，每一项活动都有自己的内涵和活动方式，将这些活动办好才能发挥教育的作用，让人们在大学教育下获得发展，这样的教育才属于“好的教育”，否则，办学活动将无法发挥教育的“增值”作用，更不用说教育的价值了。

（二）构筑新型教育形态

“三全育人”基于新的教育时空观构筑了一种创新的教育形态，描绘了新时代高等教育立德树人的新图景。学校是系统化、组织化、规模化地进行教育教学活动的社会机构或教育组织，其教育形态在不同历史时期以不同的表现形态满足社会的需求。高等学校长期以来形成的学科化、专业化、单位化、网格化的组织形式和办学模式，需要随着时代的步伐不断地作出调整，这样才能及时对快速发展变化的社会作出回应。今天的大学教育正面临时代的巨大变化，传统教育人才培养表现出的思想观念、教育模式、教育方法与时代要求的不相适应，疏离甚至背离已经成为学校教育不能回避的事实。“三全育人”正是从一种新的教育时空观角度出发，尝试探索一种新的教育形态来对时代和社会作出回应。

第一，在教育主体上，以关注学生的成长为主题，探索跨越学校的组织边界，构筑一种多领域、多主体、交互作用、协同发展的育人“场域”，这个场域推动教师角色的转化与学校形态的变革。教师由传统的知识传授者变为思想的指导者、信息的整合者以及育人场域的统合者，学校教育的触角得以不断延伸，形成一种空间与时间、有形与无形、线上与线下无缝链接的教育形态，体现一种多元多维的教育时空观。

第二，在教育的过程中，要将教育的完整性和统一性以及阶段性重视起来，对学生的成长规律和教育各个阶段不同的发展规律要摸清并遵循。针对教育的关注点不应该只放在学生的知识获取上，针对学生的健康人格成长都要全部关注起来。不同学习阶段之间要在教育的目标、内容、选拔以及培养上找到衔接点，打破传统大中小学教育的矛盾冲突，建立起不同教育的贯通机制。针对高等教育要细分出各个阶段的教育主题和内涵特征，形成系统的教育观。

第三，在教育机制上，要将“三全育人”中提到的“十大育人”体系重视起来，要根据学生的成长环境、学习的内容和活动的边界等挖掘出新的教育元素，并且将传统的教育元素发展优化，增加新的教育内容、方法、技术和环境等，将我们的高校教育环境和育人的格局朝着“人化”和“物化”兼容的方向发展，并由此形成大学独特的精神文化，学生在这样的文化环境下接受教育才能获得知识、心理和品格等方面的成长，形成一种教育的生态观。

（三）展示思政教育方法论的意义

“三全育人”以系统性的全要素联动方略构筑“大思政”育人格局，从中所体现出的教育观具有时代性，我们也可以得出新时代价值观教育源于思政且超越思政教育方法论的结果。我国高等教育在多年的发展过程中始终面临一个难题，就是高校思政教育如何回应学生关注，并且产生实际效能。根据多年的研究和探索，我们总结出传统高等教育中的弊端，高校的思政工作经常在“思政领域”去认识问题和解决问题，相对较少从人的生命成长和硬性因素等领域来思考。这种情况下，人们即使不遗余力地挖掘人的身心成长特征和教育活动的各种规律，但是得到的结论却是不够深刻的。而“三全育人”的思想就是从全主体、全要素、全过程、全方位的方向来思考和探索思政格局的建立，在这种思想的影响下，人们在探索的过程中会将人和周边的世界联系起来，追求其中的规律，追求人的全面发展，找到最为适合的思政教育道路和方法论。这种方法论思想对高校思政教育工作有三方面的意义。

第一，高校以全员教育性的角色定位构筑“育人共同体”。在“三全育人”中追求全员育人，因此每个人都有可能是“教育者”的角色，所以传统教育中组织“分工”和岗位的“规定”等就被打破了，形成高校的“育人共同体”模式，为教育工作的各个环节注入了灵魂。如作为教育岗位的教师在教学的时候不光要传授给学生知识，还要对学生关爱，并且体现出诲人不倦、甘为人梯的意识；作为高校科研岗位的工作人员不能只将目光放到实验结果上，要更加重视过程的实事求是、独立思考和坚持真理等特性；管理服务岗位在服务学生和教师的同时也要认真负责、勇于担当等。这些每个岗位的新内涵和发展就是建立大学“育人共同体”的关键环节，体现了大学教育立德树人的“德行为先”，并且要将这一观念渗透到高校育人的每个环节上，让学生通过这种潜移默化的教育共同成长。

第二，思政教育要在学生全面成长中寻求着力点。大学思政教育是一种相对比较复杂的教育活动，要深入地认识理解它的对象、目标与内涵，就必须把学生作为一个独立成长发展中的“人”来看待，将价值观教育置于学生个体知、情、意、行成长的系统中去实施，而决不能机械地头痛医头、脚痛医脚，把德育视为独立于整个教育活动之外的“另一种教育”。所谓“超越思政”，即思政教育绝不是简单等同于政治方向、意识形态、价值观、道德品质等思想教育内涵的单项相加，而是要在学生认知、思维、心理结构与个性发展的整体发展中去注入、渗透、培育、养成，这是思政教育的难题所在，但这也是其魅力所在。必须政治要强、情怀要深、思维要新、视野要广、自律要严、人格要正，“六要”要求深刻体现了“三全育人”源于思政且超越思政的教育目标。

第三，将“以学生为中心”作为目标导向，更作为教育规律，推动深层的教育教学改革。围绕人的教育在高等学校的主体表现就是在一切办学活动中贯穿

“以学生为中心”，这既是教育活动的目标又体现出教育活动深刻的内在规律。尤其在现代信息社会中，教师与学生的角色发生转变成为教育活动有效的必然要求，因为所有学生思想道德的养成与知识体系的形成都必须经由学生主体的心理建构，这是教育活动与学习科学的规律使然。高度发达的数字信息化时代更加速了学生在学习、接受方面的必然性与便捷性，教师的作用是如何有效地引导与帮助学生甄别、选择与判断，促进学生“入脑入心”，养成人格。这是新的形势下推动教育教学改革的方法论指导。

第二章　高校“三全育人”的研究要点

本章为高校“三全育人”的研究要点，内容包括高校“三全育人”的环境问题研究、高校“三全育人”的教育方法研究、高校“三全育人”的教育载体研究、高校“三全育人”的教育管理研究。

第一节　高校“三全育人”的环境问题研究

一、高校“三全育人”环境分析

（一）当代大学生思想政治教育环境的特征

要想对思想政治教育环境有一个更加深入的了解，就要对它的特征有所了解，以下，我们就对当代大学生思想政治教育环境的基本特征作一个简单阐述。

1. 广泛性

思想政治这个词语就是一个非常广泛的词语，受它影响的人群自然也是非常广泛，不管是社会中的哪个阶层，都会在不同程度上接受一定的思想政治的教育，大学生的思想政治教育尤其重要，思想政治教育已经成为我国教育领域的一个主要组成部分，影响思想政治教育结果的环境自然也不例外。

首先，在当代的思想政治教育过程中，教育的环境相比于之前来说要广泛很多，同时内容上也比之前要复杂得多。思想政治教育体系的环境因素各个方面都带着关联性，这些因素在相互作用的情况下形成一个更加完整、同时维度更多的系统。

其次，现代社会各种信息纷繁复杂，大学生很容易受大量信息的影响，因此思想增值教育迫在眉睫。要想让大学生的思想政治教育结果以及大学生的思想品德产生良好的作用，就必须在一定程度上提高思想政治教育环境的质量。环境对大学生思想政治教育的教学效果影响是多样化的，可以有单向的影响，也可以有多向的影响，其影响也分为直接影响和间接影响，同时也有显性影响和隐性影响之分。可以看出环境对思想政治教育的影响具有广泛性。

2. 直观性

当代大学生由于接触世界、了解世界的方法非常丰富，教师在进行思想政治教育的过程中就要针对学生的这种特点，使环境的特点更加明确，只有更加生动、形象、直观的教育环境才能吸引大学生的目光，只有选择那些能引起大学生情感共鸣的环境因素，才有利于大学生思想政治教育的顺利进行，这些环境因素包括学校环境、家庭环境等。

学生在接触外界的过程中，往往通过一些具体的事件或直观的现象等具有形象特点的事物来判断或感知社会生活、社会物质水平、社会风气以及人与人之间的交往关系。而学校环境、家庭环境以及社会环境就具备这种形象性和直观性。例如，大学生可以通过自己的感知觉察到学校的师生之间、家庭的亲友之间关系。这些显而易见的环境就会在很大程度上直接影响当代大学生思想品德的发展和形成结果。

3. 动态性

从某种角度来说，世间万物都是一个动态的过程，社会环境自然也不例外，因此在对大学生进行思想政治教育的时候也要根据不断变化的环境作积极的应变，以及时应对新时期的需求。

第一，思想政治教育环境的各个要素具有不断运动变化的特性。思想政治教育环境可以分为社会环境和自然环境两种，这两种环境因素也都在不断地发生着变化。我国经过改革开放后，形成更加复杂多变的经济、政治和文化环境，对思想政治教育产生更多的影响，并且这种环境还会随着我国社会主义现代化的发展产生更深刻的变化。

第二，人们在改造世界的实践过程中会影响思想政治教育环境的变化。我国在改革开放后，逐渐由社会主义市场经济代替了原本的计划经济，这种经济体制促进了生产力的解放和发展，从而也让我国的经济和政治文化在一定程度上得到发展，但这种飞速发展的背后也带来一些问题，产生了一定的负面影响，这种负面影响势必会对思想政治教育的环境产生一定的不良效果。

大学生身心受外界环境的影响相对较大，外界环境产生变化也会让大学生的心理和思想产生一定的改变。作为思想政治教育的推动者，国家必须要将思想政治教育环境进行控制和净化，引导环境的影响向着正向的方向发展，另外也要做好环境变化中的思想政治教育工作。

（二）高校“三全育人”环境存在的问题

高校育人，是在开放性的环境下进行的人才培育，除了要受高校内部育人环境的影响以外，还要受外部宏观形势的影响。受近年来育人环境变化的影响，高校在育人方面面临诸多的困难和挑战，“三全育人”在保证和提升高校应对复杂困难挑战方面的效果，促使新时代高校“三全育人”理论与实践研究成为高校育人实践研究中的重点课题。

首先，不良意识形态冲击凸显了高校育人的紧迫性。在全球化、文化思潮多元化、网络信息化、大数据化变革等复杂因素的综合作用下，当代大学生的思想认知和价值观念不同程度地受到了西方复杂、多元意识形态的冲击，其中既包括积极的思想观念，又包括消极的思想观念。面对外来思想和价值观念，要去其糟粕、取其精华，而如何能使大学生在接触和了解西方意识形态内容过程中形成这样的思维模式和行为习惯，是新时代高校育人方面亟须面对和解决的问题。

其次，新时代的历史方位细化了高校育人的要求。中国特色社会主义在党的十九大之后进入了一个新时代的新发展历史方位。在高校进行育人工作的过程中，因为进入了新时代的历史方位，因此相应的育人方向和要求也都要进行改变。一方面，随着新时代的到来，国家和社会发展的重点也发生变化，主要矛盾进行了转移，“人民日益增长的美好生活需要和不平衡不充分的发展之间的矛盾。”[①]这也就意味着高校的育人出发点也要转到追求平衡和充分的发展上来，大学生作为国家未来建设的接班人，需要关注新时代国家和社会发展的重点和方向，现阶段大学生要将把握和满足人民日益增长的美好生活需要作为学习和发展的方向，以往那种只追求经济发展，追求物质生活的目标已经发生了改变。另一方面，高校育人在新时代方针政策以及思想路线的影响下，育人工作的推进更加细化，向着完

① 习近平．决胜全面建成小康社会夺取新时代中国特色社会主义伟大胜利：在中国共产党第十九次全国代表大会上的报告[M]. 北京：人民出版社，2017.

善发展，在新的形势下努力转变育人思路，形成新的育人格局，完成“三全育人”的使命。

最后，大学生的学习成长环境增加了高校育人的不确定性。关于教育的本质，习近平总书记给出了明确的解答，即“教育是培养什么人、怎样培养人、为谁培养人这一根本问题。”[①] 高校作为高素质人才培养的主体，“培养的人要能够完成‘两个一百年’的伟业”。然而，在近年来技术创新和媒体多元发展的影响下，大学生的学习成长环境发生了明显的变化，网络成为影响大学生思想认知和价值观念的主要因素。如何保证大学生形成良好的思想认知和价值观念，是需要高校重点应对的挑战，而这就需要高校围绕“培养什么人、怎样培养人、为谁培养人”进行科学性、系统性和深入性的理论与实践探索。过去几年的实践表明，高校建立“三全育人”体系，从全员方面构建一体化思想政治教育的育人队伍，从全过程方面抓住不同阶段的关键点，实施各阶段的育人，从全方位育人方面整合不同资源，协同发展，达成各个平台、层次和类型的有效联动，是高校应对大学生学习成长环境中不确定性因素、提高育人质量的关键举措。

二、高校“三全育人”环境的对策分析

（一）优化“三全育人”模式运行的内外部环境

第一，将国家机器的主导作用重视起来，形成稳定和谐的政治环境。我国的社会主要矛盾在进入新时代之后早已发生了变化，变成人们对美好生活的需求与不平衡不充分发展之间的矛盾，从供给侧结构性改革来看，在新时代下，中国特色社会主义制度越来越适应我国的发展，其优势也越来越突出。随着不断发展，我国的经济、政治、文化等方面水平不断上升，综合国力得到加强，面对重大风险时我们更加游刃有余，这一切的强大变化、国家的和谐稳定形成大学生树立坚定理想信念的有利环境。社会主义政治观教育是高校思想政治教育的核心，拥有良好的党风、政风和民风才能让政治教育得到最大程度的实效性。所以，“三全育人”的主线就在于培育和践行以社会主义核心价值观为重点的政治观教育。

① 习近平在全国教育大会上强调：坚持中国特色社会主义教育发展道路培养德智体美劳全面发展的社会主义建设者和接班人 [N]. 人民日报，2018-09-11（1）.

第二，优化全员育人的协同效应，将育人环境构建得更加协调。育人引导者在全员育人的机制下并不局限于高校的教师，高校的任何人都可以是育人的老师。当然，在高校育人中，思政课程老师仍然作为育人的主渠道，强化大学生的三观，其他的专业课教师也应该肩负起课程思政的育人职责，将课程思政融入自己所教授的专业课。高校的其他人员与管理服务人员也应该发挥自己本职工作的作用，和教师协同育人，形成良好的协同效应。

第三，将大学生的网络空间进行优化，为大学生提供一个良好的网络环境。互联网本身就具有开放性的特征，包括内容和形式都有开放性，形成一个十分开放的系统，这个形成的网络系统属于所有国家和组织，不能被某个国家和组织独揽，大学生在这种开放性的网络系统中可以快速获取信息，更加便捷，并且没有时间限制。但是这种完全开放的网络又会给大学生带来良莠不齐的信息，给大学生思想带来不良的冲击，因此我们要建立起健全的网络监管机制，为大学生的健康网络环境搭建“防火墙”。

（二）从环境育人的属性特点分析对策

高校在我国社会主义发展任务中肩负培养接班人的重任，因此必须营造出优美的校园环境和浓郁的教育氛围，这样才能让高校在完成“三全育人”的任务时自己发挥好环境育人的作用。高校的育人方式具有循序渐进的特点，高校良好的育人环境可以将中华优秀传统文化更好地弘扬，让环境育人和其他的育人工作更好地融合起来，最终完成高校立德树人的任务。马克思和恩格斯曾提出“人与环境互动，人在实践中改造环境的同时也在改造自身”重要理论，因此，可以看出环境育人的重要性，其本身具有文化育人属性、实践育人属性、管理育人属性三个方面的功能属性。

1. 环境育人中的文化育人属性

“三全育人”中有一个关键要素是文化育人，高校要想在竞争激烈的环境中取得主动权就必须拥有较高的文化育人水平。在高校的环境育人中，促进环境育人建设才能帮助学生培育良好的世界观和人生观，让学生拥有优秀的思想品德。除了优化高校的教室、宿舍或者实验室等重要育人环境，还要加强学校历史文化景观的建设，让学校拥有自己独特的文化历史氛围，让学校的校园环境景观促进学校地理识别度与形象感知度的双重提升，加强学校环境的育人效果。

2. 环境育人中的实践育人属性

实践育人是“三全育人”中深入贯彻素质教育的重要环节，有利于帮助提升综合育人水平。“三全育人”的实施需要理论和实践的统一，人们通过实践可以提高自己的认识，高校学生通过实践更加激发其报效祖国的使命情怀。高校要将环境实践活动和思想政治教育相结合，将实践知识和理论知识也结合起来，可以根据育人的需要，根据现实情况制定专项的环境实践活动计划，提高人文素养和科学文化素养，促进文化育人的良好成效。

3. 环境育人中的管理育人属性

管理育人帮助“三全育人”促进高校水平的提升。高校的管理行为要融入育人理念，并且采取具体措施，制定相应的制度和机制，让措施和制度与机制相互协调，形成精细化管理模式。高校的育人活动要始终围绕“立德树人”的根本任务，将管理措施优化，并且也要让高校的教师和学生都参与到管理的行列中，将高校的管理能力提升，让师生在管理育人中得到发展，实现环境管理软硬件条件全面升级。

第二节　高校“三全育人”的教育方法研究

一、高校“三全育人”方法的发展

（一）第一阶段（1949—1978 年）

从 1949 年到 1978 年，我国从国家成立到改革开放经历了曲折的发展，教育也在这种环境下曲折发展。高校的思想政治理论课作为受环境和政策影响最为严重的学科，自然也经历了曲折的发展过程。在这一过程中，高校的思想政治理论课也在不断地随着社会的发展改革突破，初期可以看成是探索期，之后发展到了理论与实践结合的阶段。

纵观这一历史时期高校思想政治理论课教学方法的发展，总体上呈现为灌输式教学特点。中华人民共和国成立后，在国民经济三年恢复以及社会主义改造时期，高校思想政治理论课教学基本沿用革命根据地或延安时期传统的思想政治工作方法，即围绕着特定的政治运动开展思想政治教育活动，用政治思想运动代替课堂教学，思想教育相对比较缺乏系统性和科学性。

（二）第二阶段（1979—1998 年）

党的十一届三中全会在 1978 年 12 月 18 日召开，这一次会议过后我国的社会主义建设进入了一个新的历史发展时期。党的指导思想和工作重心发生转变，并且重新开始社会主义现代化事业的开展。

在这一阶段，高校思想政治理论课进入改革创新的活跃时期，在教学方法上产生了很多新的变化。在高校思想政治理论课的教学过程中，学会了理论联系实际，采用启发式和体验式的教学方法，除了这些之前就已经有的方法之外，还根据教学的实践情况，总结出了谈话法、演示法、体验法等新的教学方法。这一阶段是改革开放的飞速发展阶段，因此各种国外的思想也涌进国内，一些国外成功且优秀的思想政治教育案例也被我国高校借鉴起来，并融合了我国的实际发展情况，形成具有我国特色的发现法、范例教学、暗示教学法、程序教学法、微型教学法、案例教学法、纲要信号法、“探究—研讨”教学法、问题讨论法等教学方法。

总之，这一时期高校思想政治理论课教学方法得到多方面、多层次的丰富和发展，教学方法丰富多彩、博采众长。高校思想政治理论课教学方法呈现的主要特点是更加强调对学生学习主动性的提高和独立思考能力的培养，重视学生主体地位，强调学生自主学习。

（三）第三阶段（1999—2005 年）

在这一阶段，高校思想政治理论课经过了前期的发展和改革相对来说已经较为成熟，但是经过这一阶段社会环境的变化，改革也进入了更加快速的发展时期。在日常的教学过程中，教师除了会采用讲授法、讨论法、案例法等方法，还根据教学的实践，因材施教，创造出体验式教学法和探索式教学法等新的方法。在这一阶段，科学技术和网络信息技术也在一定程度上得到快速发展，基于这些先进的技术和网络，教师将这些教育技术也引入自己的政治理论课教学中，更新了教学的方法。就是因为这些新技术、新方法在政治理论课上的应用，高校的这门课程可以时刻紧跟党的理论发展步伐，高校的政治理论课可以引用到最新的马克思主义中国化理论成果，也让最新的成果和思想进入高校思想政治理论课的教材、进入高校的课堂、进入青年大学生的头脑，这里我们可以总结成为“三进”。为了让“三进”工作的开展更加向着实效性和针对性方向发展，增加其课程的吸引力，高校思想政治理论课的教学方法要不断改革，让教师深入学习理论，并且随时掌握学生的思想动态，学会因材施教使用教学方法，使得教学的方法更加灵活多样。

（四）第四阶段（2006年至今）

2004年，中共中央、国务院颁发了《关于进一步加强和改进大学生思想政治教育的意见》（以下简称《意见》），为了对这一《意见》的精神进行贯彻，2005年，中共中央宣传部、教育部又颁发了《〈关于进一步加强和改进高等学校思想政治理论课的意见〉实施方案》（教社政〔2005〕9号）。这一方案针对高校思想政治理论课程的教学理念和方法等方面都提出了明确的要求。

在高校思想政治理论课教学方法的改革上，要牢固树立起思想政治理论课教师主导作用的意识，同时也要将学生的主体地位更加凸显出来，这样学生在学习的时候才会更加积极主动。针对学生提出的社会热点和难点问题，教师要重视起来，并且积极回应，学会利用这些社会热点将马克思主义的理论变得通俗易懂，也让学生更加容易吸收和理解。教师要时刻注意强调理论联系实际，在教学方法上也要根据实际情况采用讨论式、启发式、问题导向式等教学方法，同时也要积极创新教学方法。高校教育为了能够跟上时代发展的步伐，对多媒体和网络信息技术要保持开放和学习的态度，并且不断更新自己的观念，适应新技术的发展和应用，不断探索出网络信息技术在课程运用上的新方法和新形式，利用新技术帮助高校思想政治理论课程的教学向着现代化的方向发展，同时也要在遵循学生成长学习和教育的规律下让教学更加贴近学生的实际生活，营造良好的学习氛围。

在党中央和各级政府的高度重视下，广大高校思想政治理论课教师积极改革创新，在教学方法上更加注重理论联系实际，更加重视实践教学方法。2018年，教育部印发了《新时代高校思想政治理论课教学工作基本要求》（教社科〔2018〕2号）（以下简称《要求》）。

二、高校“三全育人”方法的划分

（一）理论教育法

1. 理论教育法的本质

（1）以人的主观能动性为基础

马克思主义唯物史观认为，物质决定意识，但是意识本身具有相对独立性，会对社会存在产生反作用。马克思认为，唯心主义只是单纯抽象地突出了意识“能动的方面”，严重脱离了唯物主义，是错误的思想理论，这在他的《关于费尔巴哈的提纲》书中有提到。另外，在这本书中，马克思又指出了从心的唯物主义（旧唯物主义）漠视人主观能动性的根本缺陷。“主观能动性”的概念被明确提出是在毛泽东同志的《论持久战》中，毛泽东同志认为如果要改造世界，就要先认识世界，认识世界是改造世界的前提。毛泽东同志又提出了不管是主观性的思想还是主观见之于客观的行动，这些都是特殊的能动性，也可以说是人类区别于动物的根本原因。思想政治教育的对象是人，一个思想认识问题的产生要通过另外一种更加先进的思想去解决和改变，当然，这种先进思想并不是人们自发产生的，人们不能靠自己的思想和认识产生新的思想，只有依靠外部的理论进行引导才能产生。人的主观能动性体现在人的思想行动被各种政治理论、道德原则等精神文化所影响和作用，这些精神文化具有自己的发展规律，具有相对独立性。人们对实践的指导又建立在思想和理论上。另外，我们也要注意到理论教育法不仅是理论性的问题，也属于实践性的问题，因此，加强理论教育法的研究也体现了理论和实践的双重价值。

（2）理论教育法需要“双向互动”

理论教学法有一个通俗的叫法是“灌输法”，教育者和受教育者在这种教学方法的影响下可以对马克思主义理论进行系统地学习、培训和掌握，不仅是受教育者，包括教育者受到这种方法的影响也会有利于形成正确的三观。理论教育法可以让人们对理论和思想的需求得到满足。[①] 列宁认为，“工人本来也不可能有社

① 郑永廷．思想政治教育方法论 [M]. 北京：高等教育出版社，2010.

会民主主义的意识。这种意识只能从外面灌输进去。”[①]“代表先进阶级的正确思想，一旦被群众掌握，就会变成改造社会、改造世界的物质力量”[②]，由此提出“灌输法”。这一方法中还体现了教育主体和客体的双向互动性。理论教育法在运用的过程中还要采用不同的方式和途径配合，这样才可以将马克思主义世界观和方法论在人的头脑中确立。这样，完整的马克思主义世界观和方法论就可以指导实践了。理论教育法体现出了受教育者的主体地位，让受教育者能自主学习，让理论和知识内化于心、外化于行。由此可见，理论教育法并不是我们所认为的死读课本单向的“填鸭式教学”，是主体和客体之间双向和多途径的灌输。

2. 理论教育法使用研究

理论教育法除了可以称为“理论灌输法”也可以叫作“理论结合法”。这种教学方法的实施具有目的性和计划性，受教育者接受马克思主义理论的教育，也主动学习马克思主义理论。实践教育法的重点在于实践，让人们提高参与实践的积极性，通过实践提高自己的思想觉悟和认知能力，也就是在人们对客观世界的改造过程中也将自己的主观世界进行改造。无论是理论教育法还是实践教育法，其目标都是改变人们的主观世界。

理论可以指导实践，实践也会起到丰富理论的作用，思想政治教育在新时代背景下有自己的特点，基于这种特点，要将理论教育法和实践教育法结合起来进行思想政治教育，可以以三种方法为基础进行。

一是活动扩展法。这种方法就是利用课内和课外的实践活动，将要教学和学习的理论知识贯穿在活动中，如可以开展主题征文活动，或者进行朗诵比赛等，教师也可以根据教学的课程内容为学生列出参考书目书单让学生养成阅读的习惯，并且分享阅读的心得体会，教师也可以为学生答疑解惑。

二是参观学习法。这种方法一般都是教师定期带领着学生去参观当地的博物馆和历史纪念馆等，教师会在学生参观的过程中进行历史讲解，这样学生就可以更加真切地感受到我国的革命历史文化，并通过这些革命事迹和英雄故事学习民族精神。

---

① 列宁．列宁选集：第 1 卷 [M]. 中共中央马克思恩格斯列宁斯大林著作编译局译，北京：人民出版社，1972.

② 毛泽东．毛泽东著作选读：下册 [M]. 北京：人民出版社，1986.

三是劳动锻炼与道德理论相结合。高校思想政治教育很容易陷入重理论而轻实践的问题，相对比较忽视劳动教育的重要性。思想政治教育不仅要让学生掌握和理解理论知识，而且要让学生多多参加劳动实践，这样学生在劳动中才能对生活和学习的感悟更深。教师可以在学生劳动的时候传输给学生道德教育思想，学生通过劳动也会对这些思想有更深的理解。学生在这种教学方法下有利于树立正确的劳动观，珍惜自己和他人的劳动成果，养成勇于实践、敢于行动的好习惯。

（二）网络教育法

1. 网络教育法的本质

网络是由人类创造，是为了满足人们的需求而产生的，人们的各种需求因网络的存在得到满足。网络从诞生之日起，就被世界各国重视起来，并且纳入教育改革方案。其实，可以说人类的教育就是广义上的信息传播交流过程。网络教育是一种特殊的远程信息传播或通信，根据教育目的要求，选择合适的教育内容，通过有效的媒体通道，把知识、观念和技能等远程地传送给教育对象，人们也可以通过这个媒体通道进行双向的交流和沟通。通过网络，人们可以将自己想要传输的任何文本、声音、图像和视频等传递给世界任何角落的任何人，前提是对方也拥有网络终端设备。

网络适合用来进行思想政治教育，因为其本身具备思想政治教育所需要的特质。要对一个事物的价值进行定位和判断，必须要看它的功能是怎样的，现代网络应用十分广泛且复杂，可以上传、下载、存贮和传播，这些功能在思想政治教育的过程中正好应对其传播信息、接受信息、内化信息和外化信息的过程。因此网络和思想政治教育可以自然地结合起来，他们具有结合的坚实基础。

网络和思想政治教育的运行机制具有相似性。网络具有传播信息和情感的功能，思想政治教育本身就是传播信息和情感的过程。网络上可以将思想政治教育的信息承载起来，教育者可以通过网络采用简单的操作就能将信息传输给受教育者。思想政治教育的主体和客体可以通过网络联结起来，受教育者和教育者也可以通过网络进行互动交流。网络具备“教育者—交流沟通—受教育者—信息反馈—教育者”的环节，这也是思想政治教育的基本环节，因此完全可以利用网络开展思想政治教育。

2. 网络教育法使用研究

现代社会，互联网不断发展，各种信息的传输和更新也在不断地加快，网络技术也在不断地改变人们生产生活和工作学习的方式，“全员育人”“全过程育人”和“全方位育人”就可以通过网络教学的方法实现。教育领域发展到今天，已经大规模使用网络新媒体的辅助教学，网络新媒体教学逐渐成为一种发展趋势。但是我们也应该认识到，网络教育法虽然有各种优势，并且已经被广大教育界接受，但是网络教育法不能完全取代理论教育法，现代社会的主要教学方法还是要以理论教育法为主。我们可以根据现实发展的情况，因地制宜，将这两种方法结合起来会收到更好的教学效果。

一方面，教师应该尝试多利用多媒体，增加与学生在思想政治课堂上的互动。根据学校的实际条件，可以利用多种多媒体教学辅助的方式，增加教学形式的多样性，如对课件的点播、传播和直播等，教师和学生可以利用多媒体实现双向的交流沟通。可以开发出超文本结构的思想政治教育理论课多媒体控制系统，在课堂之前先给学生播放一些和教学主题相关的优秀视频，教师再以提问的方式导入教学主题，这样也能唤起学生的兴趣。

另一方面，教育者要建立线上学习平台，这样教师在课下或者学生在校园外的时候也能通过平台督促学生的学习，时刻关注时政热点。最简单和最普及的方法就是建立班级 QQ 群和微信群，这样有什么信息也可以在群里及时发布和沟通。当然也可以利用网络学习平台“学习强国”等 App 软件监督学生的学习情况，或者为学生答疑解惑。互联网在教育领域已经发展出成熟的平台，各有各的特点和优势，教师通过网络媒体平台的线上授课和交流互动，让学生对学习更加充满兴趣，学习起来也更加轻松。其实，不仅是学校的教师，社会上的每位成员都可以利用新媒体对思想政治教育的理念和信息进行传播和弘扬，这就是全员育人的真正实现。对于学生通过媒体网络学习思想政治课程，教师也可以做到实时监督，及时了解学生的学习状态和效果，这也就做到了“全过程育人”。而“全方位育人”可以通过“立德树人覆盖到课上课下、网上网下、校内校外，实现育人无处不在”实现。

第三节　高校“三全育人”的教育载体研究

一、课程载体研究

（一）课程育人的核心要义及本质特性

“课程育人”是课程领域对新时代“以立德树人铸就教育之魂”的诠释。“课程育人”在理论上的逻辑是通过关照课程的“工具属性”与“价值属性”，实现教学“知识价值”“能力价值”与“精神价值”的统一。这既源于课程内容的价值增值过程，又是课程主体在教学过程中精神层面的耦合作用与共鸣，是课程实施的系统创新过程。

1. 课程主体的育人敏感性

在课程育人的过程中，我们要将受教育者和教育者看成是相互关系紧密的课程主体，在育人上具有敏感性。

首先，教师在课程育人的要求下要有育人的自觉意识。教师在为学生传授课程知识的过程中要将育人文化和精神深藏在其中，让学生在学习课程的同时得到育人的效果，同时也让学生的个体能力得到提升，提高学生的道德素养。育人的自觉意识是通过教师的教学指挥和实践反思形成的。教师在为学生传授课程的过程中除了让学生获取科学知识，还要为学生启发思维，让学生产生发现真理和创造的积极性。教师自觉意识的形成基础是拥有科学的教学理念，教师在课程的教学中自觉地就将育人的价值融入其中，帮助促成教学的效果，实现课程“善”的目标。

其次，学生在参与课程的过程中具有育人敏感性。教师在进行课程设计之前需要了解学生的个体认知结构是什么样的，然后才能有根据地给予学生教学的启发。影响课程效果的主观因素是多方面的，包括认知结构的通达性、学生对教学情境的主动感知、学生个体伦理直觉的主动唤起。学生在教师的授课过程中，可以对所讲课程中蕴含的各种价值观念很好地领悟吸收，从中汲取的育人元素将会与自己的经验和体验建立深刻联系，这就是学生对课程敏感性的体现。只有培养起学生在课程中体现出的敏感性，学生才能依据这种敏感性在实践过程中加深对课程内容的理解，并且对课程中所蕴含的各种道德信息和意义有深刻的感悟。

最后，教师和学生在课程实施过程中要形成育人的共识性。课程育人是在教学的过程中由师生共同构建的，通过师生的互动逐渐形成，并不是提前设计好的。教师在教授学生课程的过程中可以摸清学生的认知水平、需求以及兴趣所在，以此来对课程实践活动进行实时的调整，让课程的实践效果朝着共享和共进的方向发展。

2. 课程实施的系统创新性

“课程育人”是从课程与教学整合的视角探讨教育革新空间。它强调课程的整体性改革与教学的系统性创新，其核心组成包括课程目标的转换、课程设计的优化、课程模式的转型、课程方法的创新以及课程评价的变革等。

在课程目标方面，从“双基”目标、“三维目标”再到“核心素养”目标，三阶式演进过程反映了课程价值的发展轨迹和转变逻辑，即从“知识和技能”的课程内核出发，越来越注重学生适应终身发展和社会发展所需要的必备品格和关键能力；也为课程育人指明了方向，即从“德”和“人”的高度确立课程价值，逐步回归“以人为本”的课程宗旨和“立德树人”的教育本质。

在课程规划方面，如何使课程育人理念在课程实践的全过程得以有效渗透，成为课程规划的核心问题。特别是如何对课程实践环节进行再设计，以知识传授为基础，侧重于培养能力，以及培养学生内在的精神和灵魂，从而更好地为学生的成长服务。

在课程模式方面，强调新教学场域的建立以及多样化的课程呈现方式，落实立德树人教育，将学生成长预期通过课程的实践形式转化为全面发展的现实成果，实现育人价值的多维度集成。

在课程方法上，以学生为中心的教学思想要贯彻始终，教师的作用就是引导、组织和激励学生，探索新的教学方法，找出适合的育人方式。教师在帮助学生提高学习和实践能力的同时也要丰富学生的感情，提升学生的品德。学生要学会在实践的过程中观察和思考，树立起正确的世界观、人生观和价值观。

（二）“三全育人”与课程思政建设的关系

课程思政的基本载体在于专业课和通识课，这两种课程是推动课程思政开展的主要“战场”，因此要在遵循专业课和通识课教学规律和特点的基础上深入挖掘课程中的课程思政元素，从课程内容、思维方法和价值观念入手，把握好这两类课程的课程设置、教学大纲核准、课程目标设计等方面，将思想政治教育的元素融入课堂授课、教学研讨、实验实训、作业论文中，让学生在学习专业知识的同时提升自己的道德素养，实现育人目标。

新时期高校进行思想政治教育的基本理念就是“三全育人”，思政课尤其是课程思政促进高校立德树人教学目标的关键，因此，“课程思政”和“三全育人”的关系是相辅相成的，两者相互促进，和谐统一。

（三）高校课程思政“三全育人”模式

1. 教育方式全段位有机融合，强化全员育人“磁力场”

人才是课程思政的主体，在高校的课程思政推动过程中，专任教师、辅导员、班主任和行政服务人员都属于课程思政的主体。其中，专任的教师是最重要的，起决定作用，是课程思政的设计者、实施者和建设者，因此，课程思政的效果如何，由专任教师直接决定。所以，一定要强化专任教师的自觉性认知，通过各种方式，进行专题培训、理论引导等，让各科的专业课教师更新自己对专业课教学的认识，将自己专业课程中的思政元素挖掘出来，传输给学生。

2. 教育空间全过程有机协调，营造全程育人“生态渠”

高校在现代的教学中已经普及了现代信息多媒体技术的使用，因此，高校在育人的过程中逐渐掌握了一定的思政资源的优势，让教学的管理变得更加便捷，更加有利于促进“三全育人”的数字化移动传播。高校的教师也要提升自己的信息技术素养，利用互联网将课程思政融入课程中运用网络传授给学生，将传统的教学模式和新的教学模式相结合，促进高校思想政治工作的内容、渠道、平台和管理等相互协调融合。教师在这一过程中将碎片化的信息整理加工，尤其是将一些优秀的传统文化、学校的精神等融入课程中，帮助学生树立正确的三观。

3. 教育保障全体系畅通无阻，谱写全方位育人“协奏曲”

教育保障是学校层面的科学谋划和顶层设计，这项保障保证了课程思政建设的顺利进行。高校的课程思政建设是一项长期任务，高校的党委必须十分重视，坚持党委书记第一责任人制度，根据学校的实际发展和建设要求设立的计划和方案，形成“系统化强课程思政建设”的完整框架，并且和人才培养、科学研究、服务社会等高校的各种职能结合起来，同时注意分工明确，建立差异化建设思路，还要根据建设的情况制定督导检查制度，深入推进“三全育人”的改革工作。

二、网络载体研究

（一）网络育人的现状与问题

1. 网络育人的发展现状

网络时代的明显特点就是信息的高速、高效传播。中国互联网络信息中心（CNNIC）发布的第49次《中国互联网络发展状况统计报告》显示，截至2021年12月，我国网民规模达到10.32亿，互联网普及率达73.0%。[①] 网络的普及，在一定程度上改变了传统的教育模式，学生获取知识、信息的渠道不再局限于课堂和学校。当前，网络化已经成为常态化，网络对于大学生的思想意识影响也逐步加深。网络给高校思想政治工作开展也产生了较大的冲击和挑战。基于网络在高校思想政治工作方面的影响，党和国家不断强化网络育人工作的开展，通过发布诸如《关于加强和改进新形势下高校思想政治工作的意见》《高校思想政治工作质量提升工程实施纲要》等文件，引导和督促高校加强互联网思想政治工作的开展。网络育人，是高校思想政治教育的必然选择。

网络育人从组织主体角度来看，可大致分为四类。

第一，是政府主办的。政府主办的网络育人平台主要有中国教育信息网、全国高校思想政治工作网和“学习强国”等。教育部于2013年正式批准的国家68个现代远程教育试点高校，在2018年开始于宁夏启动“互联网+教育”示范区建设，于2020年出台《关于加强“三个课堂”应用的指导意见》等相关政策。

第二，是学校主办的。学校也在积极跟随国家政策建立网上育人平台，如高校网上精品课程、智慧教室、学工在线、掌上课堂等，可以通过直播、录播和资料线上传递的方式构建线上平台新格局。

第三，是企业主办的。在这些平台上就有大致2.4万余门免费课程开设。

第四，是师生个人主办的。教师可以通过在线聊天、电子邮件等教学平台与学生进行课上和课下的交流。

我们可以说，其实网络育人发展与社会互联网技术的发展速度是基本同步的。从网络育人的发展动力来看，推动其发展的力量是多元的。第一，政府的政策推

---

① 李桢，宁秋娅，闻静超．高校关工委工作“互联网+”理性转型探讨[J]．北京教育（德育），2022（11）：72-75.

动。政府参与到了网络育人的行动中，引领并主办了相关育人活动，促使其沿着中国特色社会主义方向发展。第二，学校的顺势而为。学校跟随国家政策的指引，为提升学校的学生质量和教学效率而努力建设网络育人线上学习平台。第三，企业的积极参与。企业经营者敏锐地嗅到这个“网络育人”平台的商机，因此积极加入育人平台的建设，着力构建线上学习新平台。第四，师生对于网络育人政策的支持。师生在众多社会群体中对于新政策和新理念的接受程度是比较高的，可以作为网络信息和技术的普及和推广者。因此，师生除了接受社会、政府和企业的帮助外，还可以自主拓展线上平台以满足需求。

2. 网络育人存在的问题

在当今社会的发展趋势下，网络已然成为当代师生学习的必备工具之一。由此可知，我们必须要改进我们的教育路径和教学方式，借用网络来开展学科教育和素质教育，以增强高校思想政治工作的有效性和亲和力，网络育人理念也就应运而生。但是，我们要认识到网络育人本身作为一个新理念是相对比较缺乏实践经验，是一个新尝试和新挑战，所以在实践过程中仍然存在一些问题，这也在一定程度上影响到网络育人的实际效果。

（1）高校网络阵地建设较滞后

虽然国内的部分高校已经初步建成网络育人平台，但仍在一定程度上无法适应互联网技术的发展需求和师生的教学需要，这在很大程度上是因为学校在建设育人阵地的过程中，是从学校角度出发思考的，并没有真正做到从师生的角度去理解他们的实际需求，导致对学生的号召力降低。因此，在高校育人阵地的建设过程中，一定要注重创新思维和个性化理念的运用，打造有特色亮点的育人板块，以期吸引师生的注意力，达到育人效果。

（2）高校网络育人形式内容单薄

即使网络育人思想已经从高校网站拓展到微博、微信、QQ 等社交媒体平台，但相对比较缺乏创新性，以至于缺乏对于师生的吸引力，大多数内容都是复制粘贴而来的。例如，大部分高校的网络育人板块设计都大致相同，或是直接转载官方媒体的相关内容，如学术活动通知、公告和心理健康等栏目。因此，高校网络育人阵地建设内容单薄的现象突出，育人形式也较为单一，相对比较缺乏与思想和心理建设形式的有机结合，在内容上还不能实现与学校教学活动和实践课程的有机结合。

（3）高校网络平台更新速度慢

众所周知，“互联网 +”时代最明显的特征就是速度快，不仅体现在信息的传播速度快，更新速度也快。但目前大多数高校所设计的育人平台都普遍存在更新速度相对较慢的问题，使高校学生无法在第一时间接收到目前最新、最需要关注的问题和事件，错过了学生在第一时间受到教育感染和熏陶的契机。

（4）高校网络育人师生沟通交流不畅

教师在教学活动中所扮演的角色是塑造灵魂和传播知识，他们也被称为“人类灵魂的工程师”。因此，教师在育人过程中所起到的带头作用是不言而喻的。但在目前高校所建设的网络育人平台中，师生间缺乏互动的现象较为普遍，线上交流平台也存在沟通不顺畅、不及时的现象，导致教师无法第一时间发现学生存在的问题，学生也不能与教师及时沟通，问题得不到解决，也在一定程度上影响了学校思想政治教育工作的开展。

（二）网络育人载体的创新性

1. 创新利用主流 App

App 一般就是指智能设备中的第三方应用程序，它在一定程度上可以满足用户的个性化设置，以弥补智能设备原始系统的不足。随着手机和平板电脑等智能设备的普及，App 已经成为生活中不可缺少的一部分，它在人际传播过程中所起到的作用也不容小觑，因此在高校网络育人平台的建设过程中，可以充分利用这一程序。第一，大多数 App 的内容都遵循“以人为本”的理念，审核内容较为严格，其中宣传的中心思想都是符合党和国家的理论政策，与此同时，也兼具人文性和艺术性。不仅如此，而且可以满足不同用户的个性化定制需求，极大地提升了生活的便利程度，有利于用户身份构建与国家倡导的一致性。第二，有部分小众 App 可以在一定程度上使用户在使用过程中获得身份认同。它们不仅可以帮助人们完善对于自身的认知，而且可以帮助人们不断深入反思和探索自己的身份，促进它们获得群体认同。第三，大量的主流媒体对于思想的宣传不再限于传统平台，而是转向移动 App，这也在一定程度上有利于高校在“三全育人”建设中找到出口。在新时代也衍生出一系列极富宣传性和思想性的应用 App，如“学习强国”就是一个很好的例子，它一上架就受到了广泛用户的青睐和认可，不仅因为其内容极强的丰富性，信息更新内容也很快，而且还在习近平总书记的讲话及活动内容中增加了激励机制，可以通过积攒学习积分兑换生活用品和书籍等，这种方式极大地增强了人们学习的积极性，有效实现了理论宣传向“有料、有用、有趣”的转变，甚至逐渐成了目前大多数高校育人理论宣传的主流 App。

2. 创新利用“微”平台

“微”平台就是指利用微博、微信等平台进行交流的线上平台，是人人都可以自由参与的线上交流空间。

第一，微信公众平台可以有效检验教育成果是否取得成效，同时也是高校“三全育人”教育理念的新平台和新窗口。大多数人将微信公众平台作为日常活动中获取信息的主要路径，但其功能已不只限于传递信息，小程序和公众号等途径也是了解和传递信息的有效方法。

第二，以“微博”为纽带。近年来，微博开始受到越来越多大学生的青睐，也为高校思想政治教育提供了一个新平台。首先，微博的关注功能就可以帮助高校思想政治教育主体和客体之间进行高效沟通，政治教育工作者通过与更多的学生互粉也可以看到学生近期更新的动态，以此来掌握学生的思想动态，以便及时运用网络平台开展思想教育。与此相对应的是，高校学生也可以通过关注老师的微博账号来获取最新的信息资料。其次，微博评论区功能可以有效加深高校思想政治教育工作者与学生之间的互动交流，也是学生们发表评论、展现心情、抒发个性的自由空间。针对一些热点问题，学生可以在评论区内充分发表自己的见解，这时教育工作者就可以充分利用好微博的这类功能，加入学生的讨论，并对学生所发表的评论和内容给予正面引导。最后，微博的转发功能可以构建思想政治教育信息传播的新渠道和新路径，为思想政治教育工作者传播教育信息提供了方便有效的通道。转发功能不仅可以使大学生及时掌握到最新的教育和学习资讯，而且可以使教学资料和热点内容在多个用户之间相互传递，相互共享，由此来扩展信息传播的传播链，以增强教育的质量和效果。

（三）网络“三全育人”模式

1. 形成全员育人

（1）提升网络育人思政队伍建设

进一步整合学院的各项网络和新媒体平台资源，可以帮助校园网络平台建设提升引导力，净化网络空间，逐步建立起健全的校园媒体矩阵。同时还可以选派专门的负责人负责网络工作，以实现各平台间的资源共享和信息互通。在此期间，还应该注重打造网络思政队伍，如专业教师、党团干部和辅导员等都可以加入其中，以扩大网络媒体发展趋势，更好地传播校园文化，加强网络思想文化建设。

（2）充分发挥学生干部的推动作用

学生干部作为连接教师和学生之间的桥梁，也是思政教育中重要的推动力之一。当学生遇到困难或困惑时，首先接触的一定是学生干部，因此，在网络舆论过程中其发挥的作用不可小觑。学生干部可以及时发现学生存在的生理或心理问题，帮助教师及时掌握学生动态，对学生增加特殊关注，引导其形成正确的价值观，远离误区，这对于促进学生全面成长是十分有利的。

（3）关注网络舆情

互联网信息技术虽然拓展了思政育人的方式方法，但也在一定程度上为其实施和发展增加了一定的困难和阻碍。因此，网络育人过程中的舆情控制十分重要，如果网络舆情监督和控制不当，就会造成高校网络育人工作不能顺利开展。与此同时，高校的网络思政教育建设可以充分结合学校特色，整合资源，以构建个性化线上互动平台，将其纳入网络舆情的常态化建设，进一步完善高校网络云平台建设。

2. 形成全过程育人

在网络育人的过程中，高校要尤其注意学生在学校的三个阶段分别是大一入学，大二、大三在校期间和大四毕业实习三个阶段。学校可以依据这三个阶段学生思想的特殊性，正确引导学生的思想方向，将网络思政教育贯穿到整个大学生活中，促进教育成果落地生根。

入学阶段。重点可以从“新”出发，制作新人宣传专辑等，引领学生发展“爱学校、爱学院、爱宿舍、爱专业”的理念。同时，在此期间还可以加强学校文化宣传，让学生了解到学校的发展历史，将学院专业的适应性教育纳入其中，让学生在进入大学之初就可以了解自己的专业，为以后的专业发展奠定基础。

在校阶段。众所周知，大二、大三两年是网络育人的主要阶段，在这期间可以利用线上线下相结合的方式开展网络思政教育。在这一阶段的网络教育过程中要尤其注意充分结合专业特色，将专业学习与学生成长契合的思想政治教育理论实践活动结合起来，寓教于乐，促进学生独立性、个性和创新性的发展，促使学生全面发展，培养综合性能力。

毕业阶段。在大四阶段毕业季的关键节点，高校要尤其注意学生的思想动态，充分调动资源，在利用网络线上平台做好教育和管理工作的同时，也可以及时展开相关就业指导、招聘等宣讲活动，以帮助学生树立正确的就业观和择业观。

3. 形成全方位育人

高校网络育人平台并不只是简单的文化宣传平台，同时也是思政教育的主要阵地。因此，高校在平时的网络平台建设过程中，要尤其注重结合学校文化和专业特色的融合程度，将优秀而具有创造性的文化和专业思想放到平台上来。例如，高校可以构建咨询服务平台，为学生和教师及时解答工作、学习和生活中的困惑与困难；选择学生优秀的文学和艺术作品放到网络平台上，开设艺术和文学专栏，以提升学生的综合素质，同时也有利于宣扬学校文化；深入挖掘和树立在校学生或毕业生典型，宣扬学生在学习中和生活中热衷公益、学术创新、积极创业等方面的先进事迹，以此来帮助在校学生塑造正确的就业观和学习观。与此同时，高校更要关注师生的心理状态，良好的心理状态有助于外化积极行动，使自己得到全方面发展。针对临近毕业的学生，线上平台可以及时更新和宣传相关就业毕业政策，不定期推出专业相关就业渠道和招聘信息等，聘请有经验的教师进行专业的就业指导和就业服务，这也是构建网络育人平台的有效措施之一。

三、心理载体研究

（一）高校心理育人工作分析

1. 心理育人的概念

从广义上来讲，心理育人所指的就是根据人的身心发展特点，实现人格健康成长的路径，也是促进人的全面发展，培养堪当民族复兴大任时代新人的根基所在。而从狭义上来讲，心理育人主要体现在这三方面内容：一是指培养时代新人所应具备的心理品质和心理特质；二是指进行心理健康教育，传输以心理学知识和技术为基础的育人心理；三是指环境上的心理，也就是营造好的心理育人环境，这也会对育人发展产生潜移默化的影响。由此可知，心理健康教育作为实现心理育人的平台和空间，从本质上来看就是育人。心理育人与传统的心理健康教育相比来说，突出了育人方面的目的，从“育心”提升到了“育人”的层面。

2. 高校心理育人工作现状

（1）全员性参与度不够，心理育人一体化队伍不成熟

第一，专业队伍建设不扎实。我国高校的心理育人工作开展相对较晚，从专业从业者的数量和经验上来看都尚有不足，也不能够满足高校目前的心理育人工作需求。人手数量的不足在很大程度上限制了高校心理育人建设工作建设的规模和热情，虽然大部分高校具有心理健康教育机构，但只是开展心理咨询和简单的心理干预工作。

第二，辅导员专业素养有待提高，心理育人作用相对比较难以发挥。辅导员作为高校思想教育工作育人的主要力量，对学生的影响是相对比较突出而且直接的。因为辅导员本身的工作性质，其日常工作相对比较复杂琐碎，不仅要管理本年级学生的日常生活和学习，而且要承担平时就业指导、生涯规划和形势与政策等方面的课程教授内容，不仅要进行理论研究，而且要处理相对复杂的事务性工作，这个原因也在一定程度上削减了辅导员参与心理育人工作的积极性。

第三，部分管理与服务部门出现心理育人“真空”地带。虽然近年来全员育人的理念已经在高校环境中达成共识，但要想真正落实这一理念，在现实生活中仍存在一些制约因素和实际问题。机关各部门作为高效运转的主要组成部分在其中就发挥了一定的作用，但这些部门的部分教职员工却过分着眼于自己的本职工作，开展心理育人的工作意识还比较淡薄，以至于工作的开展相对比较缓慢和滞后。

（2）过程管控不健全，心理育人有效衔接相对不到位

第一，阶段目标不明确，特色不鲜明。心理育人的最终目标就是增强大学生的心理承受能力，普及心理健康知识，以帮助大学生身心健康发展。这样既可以促使大学生全面成长，又可以提高大学生的综合素质水平，对于高校人才培养是十分有帮助的。心理育人工作的开展就要求高校在工作时要尤其关注大学生的身心发展过程，重视不同成长阶段中学生的心理变化和问题，并进行具有针对性的心理调节和辅导工作。从目前的状况来看，虽然大多数高校在学生大一阶段都能够做到心理健康教育全覆盖，但到了大二及以后的时期，就很少涉及这方面，只

对具有特殊问题的个体进行照顾，这时与大一年级相比，心理健康教育普及性已明显降低。

第二，考核占比不平衡，心理育人课程融入度不高。虽然大多数高校针对完善心理育人工作都出台了一些举措与政策，但在实际考核中，心理育人所占的内容比重仍然难以调动各方工作积极性。这在一定程度上也是因为众多高校将目光聚焦于课程思政教育表面，而在一定程度上忽视了思想政治教育深处的心理健康元素。

（二）心理育人的实施载体

1. 实践活动

众所周知，实践活动是丰富高校心理育人工作的有效载体。在传统的教育模式中，将心理健康教育仅呈现在课堂之中是远远不够的，如果仅进行理论知识的灌输，而相对比较缺乏实践活动的开展，对于学生的心理健康发展及成长也是不利的。随着心理健康教育理论的不断丰富和拓展，高校越来越开始注重学生的综合素质和能力培养，因此，心理健康教育也开始融入社会实践、情景体验和服务等实践活动中去。当前公认的心理育人实践活动主要可分为三个层面，即认知素质类、情感素质类和社会素质类。认知素质类实践活动主要培养的是学生的自主学习意识，主张将专业知识融入实践活动中，可以定期邀请教师或专家进行心理健康知识主题讲座或经验分享，以增强活动的专业程度。例如，在每年的5月25日大学生心理健康日之际，高校就可以举办相关主题活动，让学生在活动中尽情抒发自己的所思所想，拓展自己的知识体系，以培养学生心理健康教育意识。情感类实践活动强调的是学生的共情能力，大部分活动的开展都是由专业教师带领，学生通过参加心理体验活动，感受温馨的活动氛围和生动的活动主题，以此来帮助学生进行思考和体验，激发学生对于他人的理解和关怀。社会类实践活动，顾名思义就是开展各类社会实践和志愿活动，以此来培养学生的实践能力，学生在实践活动中可以实现个人价值和社会价值的统一，与此同时也可以增强学生的抗压能力，帮助他们增强责任意识感。丰富的实践活动可以在一定程度帮助学生真正把握心理健康教育的主动权，以促进心理健康教育活动发展与完善为主要目标来完善高校的心理育人工作。

2. 网络技术

不仅是实践活动，网络技术的快速发展也可以帮助学生拓展心理健康教育的实施载体，有利于高校心理育人工作的多样化开展。例如，各高校可以通过构建线上心理教育咨询平台来拓宽学生的心理交流渠道，以此来增强心理育人的时效性。近年来也有众多高校建立了以心理健康为主题的专题网站，这些线上平台可以根据学生的需要进行心理咨询预约或心理测评和危机管理等服务，还围绕学生设置了心理氧吧、心理影视和心灵使者等使用应用板块，这也有助于学生以更为开放的心态面对心理咨询和心理求助。一些高校还启用了微信公众平台来开展心理健康教育，他们会定期推送普及心理健康知识的精品文章或宣传学校举办的心理相关健康活动，开设互动栏目，以“自助助人”为活动宗旨，为学生提供一个可以释放自我的平台，以解决学生的内心困惑，增强网络平台的育人功能。还有一些高校开设相关社团，通过拍摄微电影的方式将学生内心活动和复杂心理通过声音和图像的方式展现给学生，以引发他们的情感共鸣，使学生感同身受并自发传播，以此来增强高校心理健康教育的吸引力和感染力。

（三）“三全育人”心理模式

1. 构建全员心理育人新机制

（1）明确心理育人的总体目标

在心理育人工作的开展过程中，要始终坚持把“立德树人”的理念放在中心环节上，将思想政治工作始终贯穿其中，以实现全程育人、全方位育人。总而言之，心理育人不能只放在表面功夫上，而是要将其与党中央的育人目标始终保持一致，为培养德才兼备、又红又专、全面发展的中国特色社会主义建设者作出不懈努力。

（2）明确育人主体，人人都是责任人

在高校中负责开展心理健康教育工作的一般都是心理咨询师、辅导员、班主任或相关课程的教师等，这些教职工开展心理辅导和教育的重点往往是放在自身上，而忽略了对于学生本身、社会群体及家庭成员对心理健康的影响，这部分群体显然也没有意识到自身所承担责任的重大，缺乏相关的责任意识。《关于加强心理健康服务的指导意见》（国卫疾控发〔2016〕77 号）倡导“每个人是自己心理健康第一责任人”的理念，可以有效引导公民在现实生活中有意识地预防不良心态，调试自己的不适情绪，进行积极自救。心理健康不仅是高校学生应当关注的，作为社会公民也应该积极关注这方面的相关内容，以树立积极向上的社会风气，影响身边的人。《“三全育人”综合改革试点工作建设要求和管理办法》中明确要立足新时代，整合各方育人资源，明确高校育人工作的出发点就是促进学生成长成才，同时要将思想政治工作融入高校办学治校的全过程，落实到每个教职员工的工作职责规范之中。所以要加强宣传力度，明确主体责任，构建社会人员—家庭成员—学校教职工—学校专业心理健康教育人员—班级同学—宿舍室友—个体自身的“七位一体”心理育人成员结构。温暖的家庭氛围、专业的心理咨询、和谐的社会环境和一起生活的同班同学或寝室室友都可以帮助身边的同学正确认识平常生活中的利益得失，理性地看待生活中的成败，从而促进学生心理健康和思想道德素质以及科学文化素质的协调发展。

2. 构建全程心理育人新体系

（1）要遵循学生发展规律

要想更好地解决学生的心理和思想问题，就要切实遵循学生的成长规律，把握学生不同阶段的心理和思想特征，并且将这些问题与实际情况相结合。高校可以根据学生的实际情况突出主流价值观引导，以解决学生思想上的迷茫和心理上的困惑。

（2）保证心理育人的连续性

心理健康只出现在心理异常或新生时期，这个想法是非常错误的。事实上，各个年龄阶段的人都需要关注自身的心理健康状态，心理育人工作不应该出现断层。在高校学习阶段，教师应当注重做好大学生的心理成长规划，如大一新生为心理适应期，大二为心理迷茫期，大三为心理成长期，大四为心理成熟期等。

（3）建立学生心理档案

建立学生心理档案，这一工作应当从大学学生入学前就开始，也应当是始终站在为学生树立终身成长理念目标而进行，毕业后也应该进行案例追踪和服务。学生在校期间的心理档案建立可以从小学就开始，当其经历了小学、中学阶段，到了大学阶段就可以实现心理档案的无缝衔接。在学生毕业后，心理档案也可以跟随人事档案移动，以方便社会上的心理服务机构对其进行帮扶和协助。学生的每个成长阶段都应该树立正确的心理健康教育理念，以形成完整的心理育人体系，这对于培养社会主义合格建设者和可靠接班人这一目标是具有一定的积极影响。

第四节　高校“三全育人”的教育管理研究

一、高校管理育人概述

（一）高校管理育人的内涵及必要性

1. 高校管理育人的内涵

管理育人就是将高校的管理工作与学生的教育工作结合在一起，这对于学生的成长来说也是具有深远影响的，在育人过程中要充分遵循教育理念，科学界定“校、院、系”的三级工作，并且充分关心高校教师、学生和教职工的心理及生理活动和行为，最后建立起稳定的管理育人氛围和工作体系。管理育人工作不仅是一项重要的教育工作，也是为学生树立正确思想政治格局和理念的主要途径和方法。在现阶段强化治理体系与治理能力现代化的背景下，高校在育人过程中应始终坚持以“为谁培养人、怎样培养人、培养什么人”为出发点，将“三全育人”理念贯穿于教育过程始终，做到将管理与育人工作始终深度融合，不仅体现在教师的教研活动中，还应当体现在行政工作人员的日常工作中，在实践过程中不断加深探索和调研，完成思想政治教育目标，以培养符合社会要求的高质量人才。

2. 高校管理育人的必要性

（1）贯彻落实习近平总书记关于教育的重要论述

习近平总书记在党的十八大以来，就在全国教育大会以及高校的思想政治工作会议上作出教育的相关重要论述，这也就要求高校的思想政治教育工作必须始终走在中国特色社会主义道路上，着力培养社会主义建设和接班人，以全面提升“三全育人”的工作水平。而对于高校的管理育人工作来说，要将提升思政教育的主动性和积极性放在首位，拒绝头重脚轻，要与其他方式协同发展，坚持线上与线下、课内与课外等方面深度融合统一，以充分发挥思想政治教育与其他育人方式的融合作用，最终实现全方位育人的教育目标。

（2）深入实施“立德树人”根本任务的必然要求

大学作为培养人才的主要阶段，在教育中的思想工作中要尤为注重，尤其是在价值观塑造、知识传授以及能力等培养方面。管理育人的工作仅局限在专业课课堂上是远远不够的，还要体现在进行社会主义核心价值观的培养过程中。管理育人工作主要是对学生的价值判断、真理追求、情感意志以及理性思维影响的过程。在推进管理育人工作进行的同时，要将管理育人工作与其他育人方式深度结合，并且充分利用日常教育管理过程中的各类资源，使学生能够灵活运用马克思主义立场方法分析和解决问题。

（3）全面做好高校大学生思想政治教育工作的必要选择

人才培养过程就是管理和运营工作统一的过程，也是实现高校思想政治教育目标的根本保证。高等教育要想实现高质量发展，就必须把握人才培养这个核心。《关于深化新时代学校思想政治理论课改革创新的若干意见》中强调，要整体推进高校管理育人建设，发挥管理育人功能。管理育人是人才培养的重要方面和必备内容。要推动高校内涵式发展，必须提高管理育人质量，要将管理育人贯通到学科、教学、教材等方面，构建更全面、更高水平的人才培养模式。要充分发挥行政管理人员“主力军”、学生日常管理服务工作“主战场”、深入学生一线“主渠道”等作用，教育引导学生坚定理想信念，强化道德修养，厚植爱国情怀，培育进取精神，提升综合能力，实现全面发展。

（二）新时代高校管理育人的主要特征

1. 方向性是首要特征

在新时代的教育背景之下，首先要将高校管理育人的目标确立在立德树人上，从本质上来看就是要解决好“培养什么人，怎样培养人，为谁培养人”的问题。而解决这个问题的前提就是要把握好正确的政治方向，换句话说，就是要将方向性作为高校管理育人的主要特征。从领导主体的角度来看，高校育人工作要始终牢牢把握住党对育人过程的领导权，坚持将党的教育方针作为指导政策，以此来确保育人工作始终是沿着正确方向发展的。从育人目标的角度来看，要想培养出拥护中国共产党领导，立志为中国特色社会主义社会而奋斗的高质量人才，就要求高校在育人工作的过程中要把方向性放在首位。从育人内容的角度来看，高校的管理育人工作始终是以马克思主义为指导的，坚持习近平新时代中国特色社会主义思想，并在此过程中不断增强社会主义意识形态的凝聚力和引导力，实现对学生思想和行为的价值性引导。

2. 服务性是鲜明特征

新时代高校管理育人以“学生中心”为价值指向，其出发点和落脚点在于服务学生成长成才，这就要求高校突破“重管理轻服务”的思维定式，使“行政指令逐步减少，服务功能逐渐凸显”[①]，从而将管理工作的本质推向服务育人的思维路径上来。从育人的理念角度来看，高校管理育人工作试图打破传统自上而下的单向管理模式，将“官本位”逐渐转向“学生本位”，教育的全过程也始终紧紧围绕学生，将学生作为教育中心和教育主体，通过尊重和关怀学生的方式，以达到激励和培养学生价值观的目的。从服务供给的角度来看，高校管理运营工作始终将学生的内在需求作为工作开展的基本点，将解决实际问题和思想问题始终紧密结合在一起，通过多元化的服务内容，满足不同学生的个体化需求，从而在服务过程中可以实现教育和引导学生的目的，以此来彰显高校管理工作的育人价值。服务可以说是管理工作的基本要求，也是基本义务，高校管理工作的育人理念就是通过转变服务供给能力来提升工作的整体服务性，以此来满足学生全面发展的需求。

3. 规范性是基本特征

新时代高校的育人工作始终将制度之治作为根基，以此来突出制度在其中的基础作用。恩格斯曾指出：“在社会发展的某个很早的阶段，产生这样一种需要：把每天重复的生产、分配和交换用一个共同规则约束起来，借以使个人服从生产和交换的共同条件。这个规则首先表现为习惯，不久便成了法律。”[②] 这类言论不仅论述了制度的产生和发展过程，而且在一定程度上体现了制度的基本特征，也就是对于个人行为的约束作用，即规范性，在一定程度上也决定了高校育人工作的规范性特征。从制度的制定角度来看，高校在育人过程中必须将育人制度在相关法律和大学章程的架构内进行完善，以做到“有法有据”。与此同时，在制度制定的过程中也需要落实制定过程的规范性，如在起草决定过程中要严格落实专家论证、风险评估、师生参与等程序。从制度执行的角度来看，高校要严格按照制定的制度来进行执行，规范执行程序，在此过程中，引导学生约束自己的行为，逐渐由制度的外在约束转变为内在学生的自律行为。

---

① 冯刚．改革开放以来高校思想政治教育发展史［M］．北京：人民出版社，2018.

② 马克思，恩格斯．马克思恩格斯选集：第 3 卷［M］．中共中央马克思恩格斯列宁斯大林著作编译局译，北京：人民出版社，1995.

4. 创新性是时代特征

在新时代教育的大环境下，高校的管理育人工作显然已经在一定程度上打破了单纯制度性的强制管理，并且将规范的要求与教育方式结合起来，这也是对学生尊严的一种保护，也体现出鲜明的创新性时代特征。首先，是遵循学生的成长规律。大学时期，青年学生的行为习惯和价值观塑造尚未成型，正处于人生的成长关键期，情感心理也仍处在不成熟的阶段。高校的管理员工作正是基于这种思想和行为特点，从而构建出以学生的内心世界为出发点，将心理建设和思想引领相结合的制度性规范，这既发挥了制度的规范性作用，又在一定程度上增强了管理育人的可接受性。其次，是育人方式的创新。新时代的高校管理员工作更加重视使用文化、精神等创新方法来管理学生，在育人过程中给予学生充分的尊重、信任与关注，从而构建起融洽和谐的师生关系，以此来激发学生的内心活动和变化，最终将正确的思想观念和道德规范等潜移默化地传输给学生。最后，是更加重视对学生的关怀。当代的青年大学生已经具备了强烈的自主意识和独立倾向，由此也可以体现出一定的非组织化特征。根据这一特点，新时代的高校管理育人工作就要更加注重学生的个性化体验，在管理过程中不断丰富育人内容，以满足学生不同的发展需求。

（三）高校管理育人主体行为规范

1. 学生层面

高校在管理育人实践中，要让大学生明确生活与规范之间的关系，明确遵守规范是一种“公共”行为。一个人的违规行为所导致的不只是个体的损失，也是对集体、他人利益的损害，管理育人就是从这个视角出发，从规范入手，教育大学生明确自身的权利和义务，也明确自身的责任。在管理中，教师与学生形成的人际关系是学生在社会化过程中的初步经验。在此基础上，学生逐步形成对他人、学校、社会和政府的基本印象与看法，将对学生产生深远且持久的影响。管理育人强调的规范意识自然也就可以在高校中对学生产生积极的影响，遵守学习纪律、遵守生活道德规范，显然可以促进大学生“公共意识”的养成，使大学生明确自身即将成为社会一分子，明白自己必须遵守国家法律、社会生活道德标准。

2. 教师层面

在管理育人中，教师必须突出规则、规范的公正、公平性。教师是管理育人的主体之一，自身的行为规范以及言谈举止都会影响大学生对规范意识的理解和认识。如果教师能做到公平、公正，就会让学生真切体会到公平正义，形成良好的师生关系，为学生创造良好的师生交往体验，从而增加教师的职业荣誉感和成就感，也会更加珍视职业工作。因此，教师应在言传身教中，展现自身对“规范”的认知和敬畏之心，这样自然可以影响大学生对管理规范的遵守意识，从而使大学生形成“公共意识”，更好地遵守校纪校规，也可以更好地具备道德意识。

3. 管理者层面

高校管理者应对本校的管理状况、特征、育人诉求等情况进行全面调查、分析和预判。在管理育人实践中，管理者也应根据本校的实际情况，进行管理改革和创新，在保障学校各项工作顺利开展的同时，持续强化管理的规范性，体现管理育人的思政价值，为教师、学生、学校发展提供多样化的管理创新条件支持。管理者也要将管理规范作为基础，将管理措施作为方法，在明确管理严肃性的同时，提升管理的文化影响价值，塑造本校良好的教风、学风，乃至校风，让大学生在管理中体会到规范、守纪的重要性，进而促进大学生思想意识的发展。

管理育人要求高校明确管理是营造大学生成长与发展的物质和精神环境，明白良好的管理可以帮助学生舒缓压力，放松情绪，使其在获得规范意识塑造的同时，也可以形成良好的“德行”意识。例如，可以做好物质环境包括环境治理、设施管理、环境控制、寝室环境管理等方面的管理。高校要通过总体的校园管理，提升学生遵规守纪的意识，并认清自身的管理责任和义务，让大学生明确管理不只是约束，也是自我参与的过程。在梳理规范的同时，高校也应积极引导大学生进行自我约束、自我管理，在树立简单的“规范”意识后，要引导学生逐步形成自我约束的“自律”意识，进而可以在进入社会后，严格遵守“道德”标准，规范自身的社会行为，达到立德树人的目标。

二、高校“三全育人”管理要求

（一）坚持“以学生为本”管理理念

首先，将“以学生为本”作为“三全育人”的前提。我们一般所说的新时代高质量人才主要指的是富有创新和奉献精神，具有高度社会责任感与奉献精神，善于把握时代脉搏，可以掌握帮助社会进步与经济发展的能力和本领，具有独立分析和解决问题能力的人才。而高校教育的目标也就是为社会培养出这样的人才，这也就是为什么高校要树立“以学生为本”的教育理念。在教育改革不断变化的今天，管理者更应该重视与时俱进，只有这样才能培养出符合时代标准的合格人才。高校在人才培养的过程中，既要做到精心管理，又要根据学生的个性化需求为其提供发挥个性的发展空间；既要坚持宏观指导，又要深入学生群体中进行特殊化的引导和教育；既要做到动态管理，又要始终将宽严结合作为高校育人过程的准则，从而提升管理的科学性和有效性，才能够更好地实现学校培养四有人才的目标。

其次，“以学生为本”也是高校实现“三全育人”目标的内在要求。人的教育过程从本质上来看，是一个不断被发展和展现的过程，当我们认识到人是一个有思想、有意识的生命个体时，就会发现教育过程的重要途径，这种途径不仅加速了人意识的觉醒，而且使人可以真正成为人，成为主宰万物的主体。大学时期作为培养青年大学生进入社会的关键阶段，其所处的地位和作用尤其重要。高等教育的管理者应该充分认识到学生的个性化要求，以此为依据来培养具有创新能力的高质量人才，“以学生为本”的教育理念也充分体现了这一时代要求。传统的教育观念认为学生应当是绝对地服从和整齐划一，这种教育理念显然是产生于物质领域的，与教育的本质是背道而驰的。而恰恰相反的是，“以学生为本”的教育理念充分重视了学生在教育过程中的主体地位，其以促进学生全面发展为最终目标，这与教育的本质是相吻合的。

最后，“以学生为本”是“三全”育人管理的客观需求。管理从某种角度上来说就是人与人之间关系的处理过程，保证单位或组织活动能够正常进行的一种协调和控制活动，如何对待人从本质上来讲也是道德伦理的问题。高校育人管理要坚持“以学生为本”根本性原则就是“把人当作目的”。从某种角度上来说，高校的基本功能就是服务社会和人才培养，因此高校教育的本质就是为学生创造健康成长和全面发展的条件。高校管理活动的一切都是要围绕学生来进行的，可以从主动性、积极性和创造性等方面来开展活动，要将管理真正作为一种服务人的方法，这才是管理本质的一种体现。

关于高校“三全育人”管理的有效实施，尤其要注意以下三个环节。第一，为学校部门的参与程度，其中所有的教职员工都要积极地参与学生的教育管理过程中来，将所有影响学生管理的因素都要归纳到管理的范畴中去，从时间和活动领域上实现“横到边”“竖到底”的管理要求。第二，要将学校的各类工作人员充分调动起来，形成一个有机的管理网，以此来实现全员参与和相互协作的管理过程。第三，为强调过程的管理。高校管理者要将学生的管理和教育过程看作是一个整体，并且将教育理念渗透到各个环节之中，以实现教育管理的总目标，达到“三全育人”的最终目的。

（二）明确思政工作管理体系核心要素

1. 制订计划

管理的成效在一定程度上是依赖计划和决策的，也可以理解为是对于管理目标的确认，而被确认的目标也就成了管理活动中始终要围绕的主线。针对“三全育人”的管理方针，党和国家在顶层设计层面就作出了相关决策，各高校要始终坚持以此为方针，落实国家决策，使之成为符合高校特点的个性化具体方案。

由此可知，这里的计划制订主要存在两方面问题。一方面，是看有没有“三全育人”的实施计划；另一方面，要观察行动计划是否切实可行，虽然有些高校已经制定了有关“三全育人”的行动方案，但也只是借用或挪用其他高校的管理方案，并没有结合自身的特征进行职责明确，这样不适合的方案，在实际的应用过程中也只能被搁置。

2. 核算成本

同时在现代管理中不可缺少的也包含成本的核算。所谓成本就是指为实现某个目标而付出的人力和物力，而成本管理的过程就是对其进行预测、分析、核算、考核的过程。从现阶段的状况来说，学术界很少有人对此进行讨论。党和国家在执行相关高校政治工作的过程中投入了大量人力和物力，我们在执行的过程中也应当增强成本意识，及时对其进行核算，成本核算的过程是可以分阶段进行的。例如，研究对象在入学前、学习中和毕业后的政治素养以及态度行为有没有发生转变？如何发生转变？转变的程度如何？有没有消极表现？具体有哪些消极表现？程度又是如何？这些方面的具体信息在当今的信息化时代中，通过大数据就可以得知，相关人员从而可以对此进行产出和投入的成本核算。成本核算中也应当注意新时代高校的思想政治工作管理要在精准性、精细性和时效性方面具有必要的参数。

3. 构建组织

除此之外，高校的管理与高校的组织形式是分不开的。在构建相应组织形式过程中，要明确规定组织中不同成员的职责，明确责权关系，只有这样才能够按照设定有序地进行相应工作。任何组织结构的构建都应该是从领导层开始的。就我国高校的组织体制机制而言，高校党委对于学校的一切工作具有绝对的领导权和责任。因此，高校思想政治工作的运行乃至“三全育人”工作的运行，首先，要关注的就是高校党委对于这项工作的认识程度和执行力度。其次，组织运行过程中障碍存在的可能性以及可破除的程度也要进行认定。最后，构建一个专项组织也是十分必要的，还要赋予这个组织学校直属层面的运行权力，并非二级职能或院系层面的职能，只有这样才能够在一定程度上有效破除工作方面的一些阻碍，从而确保正常工作的运行。

三、高校“三全育人”运作管理研究

（一）高校管理机制运作现状

1. 高校管理人员层面

从现实状况来看，有相当一部分的高校机关工作人员效率较低，办事流程十分烦琐，会议文件众多，制度规定也不够健全，在一定程度上存在着“脸好看、门好进、事难办”的现象。目前高校相关人员的工作态度不仅在一定程度上延误了师生工作的正常开展，也使其本身遭受了不同程度相关人员的投诉举报。机关整体工作效能略有下降，创业精气神不足，功能就难以得到发挥。

显然，在当前的信息化和全球化时代浪潮下，资源的高速流动为高校建设提供了机遇。随着教育改革的持续推进，大学作为培养人才的实践基地，完善“三全育人”与立德树人交叉融合的思想政治教育工作格局亟待完成。高校下属机关部门众多，所涉及的业务范围也较为广泛，涉及师生工作和学习的方方面面，但是大多数高校仍存在各大机关部处之间协作配合不紧密，沟通不顺畅的问题，同一件事情需要不同的部门反复确认才能够完成，由此也可看出高校资源配置不完整、效率不高，才导致机关工作人员的配合机制不完善，处理工作的效率极低。

2. 高校行政机构层面

党的十九届四中全会通过的《中共中央关于坚持和完善中国特色社会主义制度推进国家治理体系和治理能力现代化若干重大问题的决定》，提出要不断推进高校治理体系和治理能力现代化，实现高等教育高质量内涵式发展。目前高校机构所执行的“大部制”改革正在逐渐深入，但随着改革的持续推进，其阻力和难度也在不断增强。与此同时，改革的外部环境因素也在不断发生转变，但内生动力机制还存在不足有待完善。管理人员对于改革的推进有着一定的影响，要想高校的治理结构能够更加完善，需要更好地突出管理人员的作用才有可能实现。

3. 高校人事制度层面

要想高校的思想政治教育工作能够覆盖全校，就需要高校内部的所有组织机构、教职工和学生都必须参与思想政治工作，积极参与思想政治工作教育。目前，绝大多数的管理人员还没有将思政教育思想融入自身，人事部门的激励政策也不够完善，导致机关部门和直属单位等责任权责不清晰，人事改革的制度力度不够大，这在一定程度上导致了部分管理人员缺乏工作的热情和激情。不仅如此，从主观能动性方面来看，也尚有不足。

（二）高校德育模式运作现状

1. 全员育人层面

在“三全育人”的教育工作模式之下，高校必须要加强学生和家庭与社会企业之间的联系，以此来共同合作开展大学生的思想政治教育，提高学生的德育水平和综合素质。但仍有一部分高校忽视了与学生家庭的联系工作，只有当学生真正遇到问题时，学校才会想到与家长进行交流和沟通，到这时显然已经为时已晚。虽说现在绝大部分高校与社会企业的关系开始变得紧密，然而其关注点还是主要放在学生的技术培训和就业情况上，并没有将重点放在学校学生的德育工作上。

2. 全程育人层面

高校要想完善教育形式，就必须要让高校教师充分调动起学生的学习情绪，与此同时，充分结合学生不同阶段的需求和心理特点，开展不同形式的实践教学活动。虽说如此，但还是有很多高校在运用“三全育人”教育模式的同时，在活动的组织形式上缺乏多元性，过于单一。例如，从主体层面上来看，高校所开展的德育活动都是常见的校园宣传活动和论坛交流活动等，缺乏创新性。除此之外，从高校所组织的课外活动来看，内容上也大部分都是相对比较落后的活动，这些活动难以调动起学生的学习积极性，也并没有合理地引入社会上的热门话题。从课题层面上来看，由于现代信息技术的不断发展，学生在课内课外都获得了比以往更多的教学资源，他们可以随时随地利用碎片化时间进行学习，这也就在一定程度上导致了高校的课外实践活动组织面临较大的冲击。

3. 全方位育人层面

在德育工作进行的过程中，辅导员和班主任在其中起到了相对比较关键的作用，他们的水平直接关系“三全育人”教育模式的最终质量和运行效率。虽然在工作进行过程中，有部分辅导员和班主任在很大程度上受到传统观念的影响较大，缺乏先进的理念和工作能力，仍然沿用传统的教育方式，单方面地向学生灌输知识，与学生之间相对比较缺乏有效的沟通，这也给学校的德育教育工作的开展带来一定的难度。

第三章　高校“三全育人”的建设要点

本章为高校“三全育人”的建设要点，内容包括构建高校“三全育人”的体系、构建高校“三全育人”的联动机制、构建高校“三全育人”的教育管理队伍、构建高校“三全育人”的评价体系。

第一节　构建高校“三全育人”的体系

一、高校“三全育人”体系构建的前提及基础

（一）高校“三全育人”体系构建前提

高等教育的发展规则要始终符合人类和社会的发展需求，同时以培养时代新人为目标，以“立德树人”为导向和基础，构建“三全育人”的教育体系，以此来提高人才培养的质量和效率。

1. 以培育时代新人为目标

教育的首要问题和高校办学的首要目标都是在“培养什么人”的问题上，而从教育的本质来看，培养时代新人可以作为高校办学的目标性前提和内在要求。从“三全育人”的管理过程来看，育人的核心就是人，出发点和落脚点也是人。由此看来，“三全育人”教育理念的核心就是遵循人的发展规律，以此来推动人的全面发展，促进人的本质回归，这也是高等教育的本质要求。不仅如此，人的社会性和发展性也决定了教育的现实任务与人的生存状态是分不开的，只有人的发展需求在一定程度上得到满足，才有可能有信心去勾勒未来的美好图景。从时间范畴来看，包含“过去、现在、未来”的生产要素有“生产、生活、生态”。我们对于“新时代”概念的界定也从侧面反映了过去的艰辛奋斗历程、现在的奋斗图景和未来的美好期盼，中国梦的内涵中也体现出了人们对于新时代的生产、

生活和生态追求。由此可知，新时代的教育本质也是要围绕着人的过去、现在和未来进行的，从时间维度来把控人的历史厚度、现实温度和生命长度。显而易见的是，“三全育人”的教育理念始终是与人的生产、生活和生态分不开的，努力推动知识教育、价值观塑造和能力培养三者的有机融合，以推动“三全育人”理念的发展动力聚合起来，让“育人”成为人自由发展的动力，让高校成为真正具有培养高质量人才的实践基地，培养出来的人才能够很好地适应社会和时代的发展需求，成为能担负起时代重任的时代新人。

2. 以“立德”为导向

除此之外，“三全育人”的教育重点应放在“育”上，从教育功能的层面来看，高校开展教育功能的首要前提就是搞清楚我们要“为谁培养人”这个问题，习近平指出，“人无德不立，育人的根本在于立德”[①]。这就在一定程度上表现出高校培养人才的方向，即“立德”。而“德”我们一般认为是一种社会性概念，而社会主义的本质则决定了我们要树立怎样的“德”，即“共同富裕”“先富带动后富”。想必大部分学生在以往的学习生活中都被认为是具有一定学习优势的人，才会在残酷的高考中脱颖而出，这部分人也有望在毕业后成为社会上率先“富起来”的一批人，并且还要在“先富”的基础上带动“后富”的一批人，这就要求大学生在高校就要受到良好的社会主义核心价值观培育，有良好的思想道德观念，具有极强的社会责任感和奉献精神。高校要想办好社会主义教育就要始终将“为党育人，为国育才”作为教育理念，始终切合国家和社会的发展规律，培育可以为社会作出贡献的有德之人，培养树立爱国主义和集体主义实现共同富裕的有德之人。而面向如此高标准的育人要求，高校就要始终牢牢把握住“立德”的基本理念，将专业教育与道德教育结合起来，将理想教育和责任教育结合起来，充分发挥管理者和教职工的育人作用，真正构建起“教书育人、管理育人、服务育人”协同性育人机制，实现全员育人化，将所有可用的要素都加入高校的育人过程，始终把握住思想政治工作的发展规律，构建一体化的育人体系，有效推进家、校、社会、个人的“四方协同”育人体系，形成全方位育人格局，才能将“立德”工作真正做到实处，以此培养学生们的高尚道德品质。

① 习近平．在北京大学师生座谈会上的讲话 [N]. 人民日报，2018-05-03（2）.

3. 以“树人”为基础

目前来说，“如何培养人”已经成为高校人才培养能力的提升基础，而“树人”也可以称为“人才培养的实践追求”。“三全育人”的教育理念重点就应放在“全”上，而简单的“全”字就包含两层含义：第一，育人过程的要素要全，即主体、目标、过程、方法等要素都要包含其中，要做到全员、全过程、全方位，全程不留死角，也就是解决“如何树人”的问题；第二，就是指受教育者要发展全面，解决的是“树怎样的人”的问题。习近平主席在全国教育大会上强调，学校教育要“坚持中国特色社会主义教育发展道路，培养德智体美劳全面发展的社会主义建设者和接班人”。[①] 高校教育方针只有切实符合教育的功能需求，才能为国家和社会培养高质量人才，而教育活动的开展也要求将学生培养成德智体美劳全面发展的全方位人才。正所谓“十年树木，百年树人”，受教育者成长的过程也是一个逐步发展起来的过程。高校在育人的过程中要切实遵循不同学生的个性化需求，根据学生所处于的不同层次、不同专业、不同年级，以及依据不同学生的生活规律和心理特征为其制定个性化的育人方针政策，只有根据人的成长规律进行育人活动、知识传递以及技能学习，才能逐步引导学生成为成事、成才、成功的人才，才能真正实现树人的目标。育人活动本身就是一项长期而漫长的活动，需要有计划、有组织地进行，才有可能在后续的过程中协调、和谐地发展。高校只有将全面发展的教育理念贯彻到教育教学的整个过程中来，才能构建一体化的育人体系，推行“五育并举”的育人举措，让“立德树人”理念真正融入大学建设和管理的各领域、各环节、各方面之中，真正形成“三全育人”的机制，实现育人活动、各流程的有效衔接，最终达成全面发展的育人目标。

（二）高校“三全育人”体系构建基础

1. 明确目标

众所周知，目标指明方向。要想学校完整的构建出“三全育人”教育体系，就必须有明确的目标为其提供导向支持。而高等教育的最终目标就在于培养拔尖的创新型人才，“三全育人”体系就是培养创新人才的有力抓手，可以全面提升高质量人才的综合素质和实践能力，高校的一切教育活动都要始终围绕这一根本

① 坚持中国特色社会主义教育发展道路 培养德智体美劳全面发展的社会主义建设者和接班人 [N]. 人民日报，2018-09-11（1）.

目标进行。高校构建“三全育人”体系也要以构建目标体系为基础和目标。

从一方面来看，整体目标是高校构建完整“三全育人”体系的前提，而整体目标的高度也决定了高校人才培养能力的高度。因此，只有紧紧围绕“立德树人”的根本任务，传承办学初心，才能持续开展“三全育人”教育活动和思想教学思想大讨论，凝聚思想共识，更新教育理念，最终凝聚出“三全育人”的合力，由此才能培养出符合国家和社会需要，具有爱国主义和集体主义精神的中国特色社会主义建设者和接班人。

从另一方面来看，明确的目标也对构建“三全育人”体系具有促进作用，这也是这项活动开展的前提。从全员育人角度来说，明确“四方协同”的全员育人目标，只有这样才能将学生的素质教育与高校职工的思想道德和科学文化素质教育等提升结合起来，将学生的成长目标和教职工的科研、教学目标结合起来，将学生的人生目标和学校的教育目标、家庭目标和社会发展目标结合起来，才能营造出适合开展教育活动的育人氛围。而从全过程育人角度来说，就要明确“时空并举，三生融合”的全过程教育理念，中间不留白，不断线，必须全过程覆盖，只有这样才能将学校的各教育环节与学生的不同发展阶段融合起来，将学校的教育活动与学生的心理特点有机结合，这样就能有效把控育人的速度和进度。从全方位育人角度来说，就要明确“五育并举”的全方位育人目标，只有这样才能将新时代、新方位、新征程与学生的新使命、新担当、新任务结合起来，开创新局面，并培养出符合时代要求的人才，把握住最终的育人效果。

2. 完善机制

完善的机制可以为“三全育人”体系的工作开展提供实践保障。践行“三全育人”教育体系是党和国家为推进高等教育改革所提出的方针战略，是对于高校育人工作的整体要求。“三全育人”本身就是一项十分复杂的系统工程，是涉及人思想观念的系统工程。要想切实落实好“三全育人”的具体工作，就必须要制定出完善的路线图、时间表和责任人，以推进完善安全育人系统机制。与此同时，还要构建长期有效的全员育人机制、全过程育人机制和全方位育人机制。

总体来说，高校思想政治工作的基础就是系统机制，而要推进这项工作的开展，就需要从理念到实施，从顶层设计工作机制到过程工作机制、考核评价机制、组织实施机制以及反馈机制等，都要全方位覆盖，以形成完整的系统，建设出完备的，贯通全要素、全方位、全过程的系统机制。才能有效保障高校思想政治工作的开展和“三全育人”体系功能的发挥。

但要从细节方面来看，健全的“三全育人”机制也是高校思想政治工作开展的保障，健全机制的运行有利于高校根据教职工的能力、职责和工作实际情况的不同确立责任，确定分类、分层的育人规划，确保教职工分工明确，可以协同有效地开展育人工作。不仅如此，完整的全过程育人机制也有利于高校可以动态地介入学生的发展成长过程中，全面把握育人的进程与效果，保证高校育人的工作过程和学生的生涯导航全面运转，切实有效。全方位的育人过程也有利于形成立体化、多维度、系统性的“大育人”格局，以此来保证整个工作过程中育人资源的优化和学生方案的有效推进。除此之外，全方位、全员、全过程的育人机制联动，也可以有效鼓励家庭和社会企业深度参与高校的教育工作，以提高以作为高校人才培养的有力保障和有力支撑。

3. 建设平台

建设平台也可以为高校构建“三全育人”体系提供环境支撑。“三全育人”的工作不可能是在毫无依托的情况下凭空进行的，必须要依托一定的实践条件和实体才有可能实现，才能够持续推进下去，而搭建平台就是构建“三全育人”共同体的现实基础。

新时代高校要想持续推进“三全育人”工作，就必须要先建设一批实体单位，如课程育人平台，打造一批示范通识课和专业课，打造优势课程，以形成课程思政与思政课程相联动的大背景。与此同时，还可以建设一批科研育人平台，组建产学研机构，以鼓励学生积极参与国家重大的科学研究计划，这项工作的开展可以有效培养学生的创新思维、团队意识和学术诚信，形成科研育人大生态。实践育人平台的建设也可以全面提升大学生的实践创新能力，形成实践育人的大方向。要想在教育过程中弘扬新时代中国特色社会主义先进文化，就可以建设一批文化育人平台，以弘扬中国文化的优良传统，形成爱国奉献大局面。与此同时，新一批网络育人平台的建设，还可以孵化出一批网络育人基地，打造高校的信息化管理平台，提升整体的网络育人水平，在信息技术快速发展的大环境下，形成积极进取的整体氛围。一批心理育人平台的打造，可以依托特色的心理成长辅导室来扩充育人队伍，形成强大的协同心理育人大环境。建设组织育人平台，可以推进基层党支部、工会、共青团和学生会等群体组织建设，深化文明班级、文明社团和文明宿舍建设体系，以形成全面影响的育人体系。总而言之，就是要全面发挥出平台建设在教育工作中的作用，强化管理育人、服务育人的教育理念，以全面服务大学生成才成事，形成“三全育人”的全面新格局。

二、“生涯导航”与“三全育人”体系构建

（一）“生涯导航”的内涵

“生涯导航”以习近平新时代青年思想政治教育思想为指导，以马克思主义“人的全面发展”为目标，遵循思想政治教育过程规律，遵循大学生成长成才规律，构建科学合理的育人体系。“生涯导航”将“生产劳动同智育和体育相结合”，以实践为纽带，依据马克思关于人的全面发展理论，以人的需要全面发展为依托，根据大学生从入学到毕业四年中的不同需求，设计出“我与大学”“我与未来”“我与职业”“我与社会”四个模块；根据人的能力全面发展要求，将学生应具备的能力具体划分为品德素养、身心健康、职业能力和创新能力四个方面；根据人的个性全面发展需要，在人才培养中既注重学生全面发展，又注重每个学生个性发展的需要，实现学生自我成长；以实现人的社会关系的全面发展为方向，依托实践教育，将学生的知识学习、情感体验、社会经验、团队精神等部分有效的融入实践活动过程中。“生涯导航”使思想政治教育工作的系统性和操作性得到提高，将思想政治教育融入具体的实践教育活动中，通过精心设计的学生生涯导航体系，为学生自我成长成才提供了坚实的基础。

以“生涯导航”为核心的“三全育人”体系，对照中国高等教育发展还不能完全适应人的全面发展和经济社会发展的需要，仍然存在着教育资源不平衡、不充分的问题，需要进行综合改革和有效施策，坚持以建立思想政治工作与教学、科研、管理、服务紧密结合的实施体系为根本，明确各级实施主体职责任务，健全完善的领导机制、运行机制、保障机制、考核评估机制，以体制机制建设为突破重点，创新思想政治工作实施体系，切实打通“三全育人”的“最后一公里”。

（二）基于“生涯导航”的全员育人体系

“全员育人”要求在教育过程中所有教育者都履行育人的责任。教育者在

整个育人过程中发挥着主导作用，是“生涯导航”育人过程的主体。“生涯导航”的育人过程中教育者主要包括各级组织和教师，也包括与“生涯导航”协同育人的单位、组织，甚至包括给予大学生影响的社会成员，他们是“生涯导航”育人过程中的主体，发挥着主导作用。这些组织和个体是教育影响的施加者、控制者，在“生涯导航”育人过程中，这些团体和组织扮演着组织者、调控者的身份。教育者的教育活动表现主要可以体现在计划、组织和控制育人的过程中，这个过程可以有效指导和激发大学生综合素质的养成和发展，促进他们不断向社会要求的育人目标迈进。

受教育者作为“生涯导航”育人过程的参与者和自身素质的建构者，又是实践“生涯导航”教育过程的主体。在“生涯导航”中，受教育者在整个“生涯导航”体系的运作过程中主体性能得到充分体现，不仅如此，受教育者还可以与教育者进行双向互动，其创造性和能动性也可以得到发挥，并自觉接受教育过程的影响，进行自身素质的自主建构，通过自我教育来实现在身心健康的形成与发展。

在“生涯导航”育人体系中，教育者与受教育者紧密连接，密切互动。教育者积极投身于育人工作中，发挥全面引导的作用。受教育者自觉主动参加各类实践活动，在学校提供的环境与土壤中张扬个性，自主探索自身成长之路。在这一过程中，教育者“导”与受教育者“航”紧密对接、交互作用，教育者的成就感和受教育者的获得感交替攀升，产生了“自育”“他育”“互育”的叠加效应，持续激发教育者和被教育者“双主体”创新实践的内生动力，形成“生涯导航”的不竭动力源泉。

（三）基于“生涯导航”的全方位育人体系

“全方位育人”要求在教育过程的方方面面对受教育者进行教育引导。“生涯导航”一直着力于构建长短期相结合的、学科知识与实际需求相结合的、人才培养目标与组织形式相结合的综合化育人体系。育人形式多种多样，主要包括有规范、制度、措施等管理载体和文化载体、具体活动实施、活动载体等。“生涯导航”的育人内容也十分丰富，不仅包括思想政治、心理和道德教育等思想政治教育方面的内容，还有专业学科教育和素质教育等其他形式。育人体系也会依据不同的教育内容选择不同的育人方式，同样也会带给大学生不同的人生体验，从而促进他们的成长和发展，产生不同的育人成效。一方面，“生涯导航”教育由党委牵头组织实施，目的在于适应时代要求，深入贯彻“立德树人”的育人观，不仅注重课堂教学课程设置的合理性，还整合校内、地方、校友、专业基地、科技孵化基地、扶贫助困基地等资源，以此来打造将课堂教育和课外实践活动有机结合的完整育人体系，这种方式可以有效提升高校的教育水平和质量，使高等教育本身转变成为学生为自己未来发展所作的努力和愿望。另一方面，“生涯导航”涵盖了“一端两网三维”“学生社团”“研究生创新中心”“协同育人中心”“开放实验室”“各类实践基地”六大育人空间，“创新发展”“职业发展”“身心健康”“品德修养”四大项目平台，构建“三维互动育人”空间，实现教育过程由单一模式向动态模式转变。

（四）基于“生涯导航”的全过程育人体系

“全过程育人”要求在教育过程的每一个阶段对受教育者进行有针对性的教育培养。“生涯导航”结合大学生的成长规律，从“大一”到“大四”不同阶段，结合大学生的身心发展规律和成长成才规律，精心设计了不同的教育培养计划，大学一年级到大学四年级分别设计了“我与大学”“我与社会”“我与未来”“我与职业”四个发展主题，每个主题中又设计了形式多样的培养项目和内容。大学一年级的主题是“我与大学”，通过“入学教育”（包括校史教育、专业认识教育、校规校纪教育、安全教育、心理健康教育、生涯规划教育等），帮助新生顺利完成由高中生向大学生的角色转换，尽快适应大学生活。大学二年级的主题是“我与社会”，主要是通过课外实践活动将理论学习和课外实践有机结合在一起，如社会调查、生产劳动、志愿服务等活动都可以达到这种效果，它们始终以向人民群众学习为宗旨，将自己的发展和成长与社会和国家的需求紧密结合在一起，由此来确定自己最终的发展方向，积累成长成才的各种条件和资源。大学三年级的主题是“我与职业”，在专业知识学习基础上，主要通过专业实践、科技活动、生涯辅导和就业教育，引导学生建立起社会主义核心价值体系，树立健康的职业价值观和择业观；培养学生在科研方面的兴趣和创新意识，以此来提升学生本身的动手能力和解决问题的能力和水平，培养学生的创新意识与能力；促进学生对职业的学习和认识，了解职业世界，培养良好的职业道德和素养，提升包括人际交往、组织管理、语言表达、团队合作等综合能力以及专业能力。大学四年级的主题是“我与未来”，通过职业理想及择业就业观教育，教会学生如何顺利地融入社会，增强自身的情绪调控能力和社会适应能力，帮助他们增强就业能力和树立合格的公民意识。

三、贯通高校“三全育人”执行体系

高校“三全育人”的落实有赖于系统的执行体系，这其中既包括由上至下的政策、制度，又包括由下至上的反馈、监督，这就要求高校要构建贯通“三全育人”的执行体系。当然，这一体系的构建也要遵循科学的方法和策略。

（一）形成执行合力

领导层要做好思路和目标的贯通。“三全育人”实践中，包括校党委、学院党委、基层党委等在内的党委组织必须形成“全”的思想政治教育意识和目标，并按照政策和制度的规范与指导对目标进行分解和落实，从中心“骨干”开始，形成上下贯通的执行合力。同时，高校党委作为“三全育人”的领导主体，要对建立高校“三全育人”执行体系进行宏观性的规划，借助规划来引领党团组织的育人工作思路和方向，贯通由上至下的“骨干”力量执行体系。需要注意的是，执行不仅是在党团委内部，还要重视各育人主体之间的执行贯通，换而言之，高校教育、管理、服务等部门也必须按照由上至下的执行思路，建立本部门的“三全育人”执行规划，统筹部门内部的育人资源，并进行任务、目标、责任的分解和落实，形成贯通育人工作始终的执行体系。

（二）建立反馈改进机制

高校的各个基层部门和组织在执行相关政策时会遇到各种各样的问题。这是不可避免的，同时这些问题与高校“三全育人”工作的开展也具有一定的关联性，毕竟政策只靠执行宏观目标是不可能顺利完成的，还需要在机制运行的过程中开拓互联互通机制，只有这样才能真正实现由下至上的问题反馈和信息共享。从高校层面来看，就要借助跟踪、监督机制等来帮助上层领导和组织充分了解问题并及时进行决策，只有这样才能更好地实现上下层之间信息的联通，保障高校“三全育人”工作的顺利高效进行。“三全育人”工作的开展具有整体性特点，这就要求参与育人工作的各行政部门要对育人的思想、方法与信息进行共享，这其中要囊括各部门的规划制度以及权责分配等内容，与此同时还要细化各部门之间合作的内容，在相关联的工作领域之中突出各部门的协同功能，如在管理与网络、心理资助、组织实践和教学科研等方面可以建立相应的联通机制或规划，以此来提高“三全育人”的执行效果。

第二节　构建高校“三全育人”的联动机制

一、高校“三全育人”联动机制解析

（一）高校“三全育人”联动机制的内涵

“机制”从词源学的角度来讲，是指在社会科学中存在的一种具体运行模式，这种运行模式能够将系统中存在的各个元素协调统一，使各个元素能够在具体的运行模式中更好地相互作用。

“全员、全程、全方位”就是“三全育人”所包含的三个方面，作为社会科学视域下的正确机制，“三全育人”的各要素既相互独立，又相互配合，它们存在在机制中，使联动机制能够严密、完整地运转。因此，我们可以看出，高校“三全育人”的联动机制是一种具体的运行方式，其运转是依靠全员、全程、全方位三个部分之间相互作用而实现的。在教育工作中，全程育人是从时间角度来说的，而全方位育人则是从空间角度来阐释的，高校的思想政治教育正是通过这三者在“时空”中的相互配合、彼此连接进行的。“三全育人”这个联动机制作为一个具有反馈功能的系统，具有生生不息与开放性的特性，其能够在动态过程中充分显示教师与学生在进行思想政治教育时的能动作用。

在高校中构建思想政治教育的时空观是“三全育人”联动机制的最终目的，充分发挥“全员育人”的能动作用，使其与“全程育人”与“全方位育人”相结合，形成一个立体的三维空间。

（二）高校“三全育人”联动机制的特点

高校“三全育人”联动机制作为高校思想政治教育的顶层设计，是指高校在育人工作中积极营造出的一种全员、全程、全方位的环境，使高校的各相关机构

部门如马克思主义学院、学生工作部、团委、宣传部等协调配合，构成一项系统性较强的工作。

第一，全员育人使高校工作更加团结，每个部门承担的责任也较为分明。在高校落实全员育人时，首先就要确立学生的主体地位，以学生为中心，遵循“立德树人，德育为先”的指导思想，协调好教育主体与客体之间的关系，掌握学生的成长规律，用实际行动参与到全体学生的教育工作中。

第二，全程育人使高校的工作体系呈现较为分明的层次结构，这些层次之间看似松散，实则有着密切的联系。在上述分析中，我们已经能够得知，全程育人是指育人工作各个环节在时间上的连接，具体来说，就是高校应该针对不同专业与学科的学生，根据他们各自的特点，分阶段与分环节地进行高校育人工作。

第三，全方位育人使高校的育人工作发展得更加全面、更加均衡。全方位育人是通过空间上的教学设计帮助学生更高效地全面、健康发展，同时，也要在德、智、体、美、劳各个方面增加思想政治教育的内容。

高校育人目标的实现依赖全员育人、全程育人与全方位育人这种“三全育人”联动机制的完善，在目标实现的过程中，高校要能够将全员育人的理念、方法与制度更好地贯彻落实在学生大学四年的学习生活中。在这一过程中，全方位开展育人工作，将育人工作的环节环环相扣。实践性与创新性在高校人才培养中是非常重要的两个方面，因此，要想使高校育人工作获得更加丰硕的成果，就要积极建立校企合作与工学结合机制，在学生学习的过程中增加大量实践环节，这样才能够督促学生更好地将自己所学的理论知识应用在实践中，使学生不断提升自身的实践能力。

（三）高校“三全育人”联动机制的问题

教育者必须具备较高的政治素养与专业能力，因为其作为社会思想政治道德规范的主要传授者，能够直接影响对学生形成的教育效果。虽然高校思想政治教育工作在高校中分属不同的工作部门，在不同部门不同岗位中的分工也各不相同，各教职员工在具体的工作中也有着各不相同的工作内容与责任义务，但不可否认，高校的全体教职员工都有责任对学生进行思想与行为方面的教育与引导。现阶段，有一部分高校在这方面的工作并不到位，它们的高校育人队伍并不拥有过关的政治素质与专业能力，在建立健全“三全育人”联动机制方面也存在着一定的不足。

1.“三全育人”队伍综合素养有待提升

第一，从任课教师角度分析。由于现阶段有些高校教师的授课方式并未与时俱进，理论基础知识、专业能力与学术水平也都跟不上时代的发展，因此，他们在为学生授课时就存在很大的局限性。第二，从行政管理人员角度分析。有一些行政管理人员的政治素养较低，缺乏工作热情，在对待工作时没有积极创新管理方式，没有将学生放在主体地位上，为学生服务的意识并没有树立起来，忽视学生的合理诉求，对于学生的意见与建议也没有提起足够的重视。第三，从高校教辅与后勤管理部门的角度分析。现阶段，有些从事教辅与后勤保障工作的教职员工素养有待提高，这就会使高校育人功能的发挥受到一定的影响，也会对学生正确思想观念的形成起到一定的阻碍。

2.“三全育人”协同机制有待完善

现如今，高校中的专业课教师普遍都存在一个问题，就是认为思想政治教育工作有专门的思政课教师、班主任或辅导员为学生开展，自己在专业课的课堂上无须为学生进行思想政治教育，只要将自己“分内”的专业课知识与专业技能传授给学生就万事大吉了，并不重视对学生价值观的引导与规范，缺乏作为教师的责任感。而高校辅导员对学生的思想政治工作则是有心无力，这是由于高校辅导员的工作相对比较繁忙，在高校中不仅要为学生的学习操心，而且要为学生的生活负责，育人工作的开展就显得举步维艰了。而在部分后勤保障人员与教辅人员中间，高校思想政治教育的效果就更加不理想了，从上述分析得知，这些人员在高校育人工作中相对比较缺乏应有的责任感，对于学生在学习与生活中出现的问题也会忽视。

二、高校“三全育人”联动机制建设分析

（一）高校“三全育人”联动机制建设原则

1. 坚持育人导向原则

我国在有效推动“三全育人”的过程中，将立德树人作为根本导向，将各地各高校在各领域、各环节、各方面的育人资源与育人力量有机统一起来，并将现代化的教育即重视知识传授、能力培养与理想信念、价值信念、道德观念相结合，

推广普及到各高校的各教学环节中。这样做有两方面的好处，第一，就是能够使育人对象最大程度地向上、向善；第二，就是能够激发育人主体自身的动力。从第一个方面来讲，将为学生进行理想信念教育作为首要目标，引导学生树立共产主义远大理想与中国特色社会主义共同理想，使他们对世界与中国的发展大势、中国特色与国际比较、时代责任与历史使命、远大抱负与脚踏实地有充分的、客观的、正确的认识。从第二个方面来讲，教师在教育学生的过程中要坚持统一教书与育人、言传与身教、潜心问道与关注社会、学术自由与学术规范，注重自身思想道德修养，坚持以德立身、以德立学、以德施教，为高校又好又快地实施育人工作奉献自己的力量。

2. 坚持问题导向原则

我国在落实“三全育人”这项教育改革机制的过程中，强调改革的主线必须是高校对于学生的思想政治工作，要贯彻落实立德树人的根本任务，将现存在高校思想政治领域中不平衡、不充分的问题作为重点工作予以解决。坚持问题导向，可以从三个层次着手。第一，从宏观层面来说，高校要更加坚持党的全面领导，在党的领导下统一思想、凝聚力量，将高校的各个部门与各个学院有机结合起来，建立有效围绕学科、教学、科研、实践与环境等环节进行的协调机制。第二，从中观层面来说，为了实现不同领域的优势资源能够形成持续不断的循环发展趋势，就要在全过程育人中实现育人主体（教师、学生、家庭、学校、社会）的连接，也要实现“联合作战”的一体化育人合力。第三，从微观层面来说，学生作为教育活动的主体，高校在实现育人功能时，如围绕学生，一切为了学生，重视学生在学习中的薄弱环节，将高校的力量汇聚在为学生补短板、强优势上，汇聚在学生的成长成才需要上，结合立德树人、规范管理的严格要求与春风化雨、润物无声的灵活方式，结合思想与实际，争取使高校的思想政治工作与育人工作符合学生成长、时代发展与社会进步的总体需求。

3. 坚持实践导向原则

实践导向要求高校在落实思想政治工作的过程中必须将工作对象的特点予以科学把握，在实际工作中，要遵循三个规律，即思想政治工作规律、教书育人规律与学生成长规律，为了提高自己的工作能力与科研水平，高校育人队伍也要不断与时俱进。在建设专业教师队伍时，要严守“四有”好老师底线，即有理想信念、有道德情操、有扎实学识、有仁爱之心。将“四有”有机统一、完美融合起来，把握好育人工作的目标，在建设可信、可敬、可靠、乐为、敢为、有为的思政课教师队伍时，要始终以增强思政课的思想性、理论性与增强教学过程的亲和力、针对性作为教学主线，以政治强、情怀深、思维新、视野广、自律严、人格正作为建设标准，打造一支有利于高校育人工作不断深入推进的思政课教师队伍。

（二）高校“三全育人”联动机制建设重要性

1. 人才培养

现如今，时代的变迁也带动了互联网与自媒体的迅速发展，在日新月异的虚拟世界中，大学生的思想与行为方式等都受到了一定的影响，大学生阶段的思想与行为方式并不成熟，不具备稳定性是最普遍的特征，但其还是向着社会化与多元化的趋势发展。因此，为学生树立正确的人生观、价值观与世界观，提高大学生的综合素质与社会适应能力，使其在毕业之后能够应对复杂的社会形势，就要建立健全“三全育人”联动机制，将“立德树人”作为教育的总方针，彰显学生在教育活动中的主体地位。

2. 教育合力

现如今，有许多高校还没有形成教育合力，各部门之间相对比较缺乏有效衔接，且存在一些物力与人力资源浪费的现象，这就是因为高校并没有针对育人工作及时建立强有力的协同机制，因此，我们可以从上述分析中得出，只有形成较好的教育合力，高校才能有效提升自身教育教学的质量。管理部门中负责制定政策的工作人员并没有实际参与到学生工作中来，因此，他们制定的管理政策难免会存在滞后的状况。另外，学校各个构成机构部门如教学部门、服务部门与管理部门等，它们在思想政治工作中会存在不同的标准与不同的关注点，与其他专业课也没有形成较好的教育合力，无法产生更加优良的育人效果。除此之外，在学校、家庭与社会中也存在着相对比较缺乏教育合力的问题，这三个环节作为育人的最主要环节，缺乏相应的连贯性。在高校育人实现的过程中，所有的教育者与管理者都要意识到教育合力对于高校育人功能实现的重要性，其不仅能够节约教育资源，而且能够提升学生的学习效率与教师的工作效率。因此，建立健全“三全育人”的联动机制，就是为了能够解决育人各环节中存在的育人合力不足问题，通过建立健全这种机制，能够在很大程度上促进教育合力的形成，也能够更高效地建立起协同运作机制。

高校应该在新时代清晰地认识到自己在育人工作中需要发挥的作用，即为学生进行思想政治教育，包括马克思主义理论教育与中国特色社会主义理论体系教育，并积极引导学生将自己的前途命运与实现中华民族伟大复兴的中国梦紧密联系在一起。高校，包括高等院校与高职院校在内，要想实现整体的良好运作，就必须保证学校内各部门能够实现良好的配合，各部门上行下效，协调配合，就能够最大程度的彰显教育合力。学生作为“三全育人”联动机制中的能动因素，不仅能够在这种机制中增强自己的思想政治道德修养，而且能够收获“受教育的安全感”。

3. 价值观引领

高校学生队伍需要有正确价值观和培养方式的引领。高校需要引领学生的价值观，这就要求高校必须健全“三全育人”联动机制，通过“三全育人”联动机制的建立与完善，加强对大学生的理想信念教育。在学生中传播马克思主义理论，使其坚定自己的政治信仰，这样才能够更好地使他们为共产主义事业而终生奋斗。健全“三全育人”联动机制也有利于加强大学生的爱国主义教育，在高校中能够对中华民族精神进行更好的弘扬与培育，使中国特色社会主义事业拥有一批优秀的接班人。健全“三全育人”联动机制，还能够使社会主义核心价值观教育在高校中普及。社会主义核心价值观在当代中国是一种非常好的道德价值观念，因此，为了使社会主义核心价值观能够牢记在每个人的心中，高校就要坚持使广大师生积极进行有关社会主义核心价值观的学习与实践。保障这些思想在学生的学习与生活过程中有一个良好的传播态势，充分调动大学生的学习热情与学习的积极性，就是“三全育人”联动机制建立健全的初衷。这种联动机制可以保证学生从入学到毕业都能够接受德、智、体、美全方位的教育，保证学生在毕业后以高素质人才的定位进入社会并参与社会实践。“三全育人”联动机制在高校中的发展，能够有效使学生参与祖国伟大复兴与“两个一百年”奋斗目标建设的过程中。

近些年来，国家开始重视高校的内涵式建设，并为其提出了许多新要求。现阶段的高校思想政治教育，以“三全育人”为基础，打开了新的教育局面，“三全育人”联动机制也成为高校育人的方法论基础，这种理论能够让学生自觉地将自己的前途命运与实现中华民族的伟大复兴相结合，使其充满对国家的责任感。经过上述分析我们可以得知，“三全育人”理念的提出，为高校的育人工作提供了方法论基础，而在这种方法论中，思想政治理论课是不可或缺的。思想政治理论课是当代高校教育中的一门公共必修课，它以中国特色社会主义理论为指导，体现了党现如今的执政理念与指导思想，能够为当代大学生树立正确的政治观念提供很好的契机。高校的根本任务就是立德树人，而在完成这一任务的过程中，思想政治理论课程就是非常重要的一门课程。以育人为中心，以学生全面发展为目标，不仅是立德树人实现高校育人工作的宗旨，而且是高校思想政治理论课教学的宗旨。同时，“三全育人”联动机制不仅发展了思想政治理论课的内涵，而且也将思想政治教育融入学生学习的课前、课中与课后等环节。与此同时，其也非常注重教学质量的提升与教学科研成果的创新。

（三）高校“三全育人”联动机制建设策略

1. 育人队伍建设

第一，为了不断提升育人队伍的综合素养、专业能力与科研水平，早日建立起一支专业化、职业化的育人队伍，就要在高校中积极开展“两学一做”学习教育。高校可以为全体教职员工开展研讨会、培训会与党团党课，不断深化马克思主义理论知识，除此之外，还要对高校中的员工考核机制进行不断完善。第二，教师的育人职责是最基本的工作职责，因此，高校队伍在扎实自身理论基础、理解并掌握科学政治理论、相关专业知识与技能的基础上树立正确的价值观念，在教育学生的过程中，要坚持“育人为本、德育为先”，这样能够使教师最大程度统一教书与育人。第三，教师要对自身严加要求，重视自身的师德师风。为了引导学生健康全面发展、积极为其传播先进的政治理论，高校育人队伍必须将以德施教、寓教于行的宗旨贯穿教育工作的始终，队伍内的工作者必须具备高尚的思想道德情操与良好的工作作风，为了将育人工作更加完善、真正落实高校育人工作、发挥高校的育人功能，教师必须对学生的思想动态与价值取向有所掌握，并能够认真听取学生对自己工作的意见与建议，积极改善自身存在的问题。

2. 育人格局建设

高校为了打造育人共同体，将高校间的各部门如党政管理干部、教师、辅导员与班主任等教职员工之间形成一种纽带关系，使其共同配合、群策群力，搞好高校育人工作。党政管理干部要明确自己在高校思想政治工作中的主导地位，发挥领导核心作用，在高校中加强党团建设与政治理论的学习，将自己的政治思想与理论水平提升到一定高度。为了提升高校育人队伍的专业化水平与质量，高校就要定期对辅导员队伍与其他党政干部进行培训与考核。由于高校辅导员的工作负担较重，因此，为了提升其工作热情与精力，就要采取如提高待遇等措施，鼓励其积极投入学生的思想政治教育工作中，使其与学生之间进行良性互动，这样才有利于学生的全面发展，也能够使高校育人工作产生良好效果。专业课教师要与思想政治课教师共同对学生进行行为的引导与规范。因此，这就要求专业课教师要积极转变传统的教育观念。在现代课堂中，专业课知识与知识中的思想道德因素都是需要传授给学生的。在为学生教授专业课知识时，也要积极探索思想政治教育的新路径。后勤人员与教辅人员是学生服务工作最主要的力量，因此，只有后勤人员与教辅人员不断增强自身责任感，以学生的诉求作为自己工作的出发点和落脚点，这样才能够为高校育人工作的顺利进行做好保障工作。

3. 联动体系建设

第一，高校辅导员或班主任需要借助现代信息技术，实时向家长反馈学生在校园内的一举一动，与学生家长之间进行及时有效的沟通与联系，共同商议如何培养学生，使其实现全方位的发展。第二，高校作为社会中的育人机构，要能够将社会资源与平台充分利用，在育人这项重要工作中，这些社会资源可以为学生展开校外实践提供很好的机会，通过实践增强学生的适应能力，也可以使用现有平台邀请社会先进模范人物进校演讲，通过这些先进人物讲述自身的励志故事，为学生树立榜样作用。第三，学校要对学习成绩优异、专业能力突出的学生以表彰的形式进行鼓励。可以在学生之间建立起一套完善的激励机制，使激励机制在学生群体中发挥模范带头作用，这样就可以鼓励学生进行自我教育。这样也有利于社会正能量的传播与和谐健康学术氛围的营造，最重要的是能够加强学校对学生育人工作的重视。第四，为了能够出色地完成学校对于学生各方面的指导工作，提高高校育人的工作效率，就要在建立激励机制的基础上再建立一个奖惩机制。这样就能够将高校育人队伍的积极性充分调动起来，使高校育人队伍中的教师对自己专业能力的提升引起重视，以严格的标准来约束自己的行为。

第三节　构建高校“三全育人”的教育管理队伍

一、高校“三全育人”队伍结构及角色定位

（一）高校辅导员角色定位

1. 全员育人的凝聚者与协同者

全员育人可以说是“三全育人”机制的主要组成部分之一，而它的重点就在于“人人育人”。在众多的育人力量当中，高校辅导员始终起到的是协同者和凝聚者作用，他们可以将专业教师、党政人员、后勤人员、优秀校友以及父母和在校优秀学生分子等力量整合起来，凝聚成方向和目标相统一的育人合力，以确保大家心往一处想，劲儿往一处使，可以共同构建主客体良性互动的育人机制，并且创造出人人参与的良好育人氛围。与此同时，辅导员还可以持续优化育人体系结构，在其中以协同者的身份来保证育人工作始终是在朝正确的方向迈进的，确定工作内容的互补性和工作方式的互鉴性，以此来成为家庭和社会等不同育人主体客体之间的黏合剂。在异常复杂的育人工作之中，其他主体育人力量也可以给予高校辅导员一定的帮助和辅助，从而将其从极其复杂的事务性工作中抽离出来，有机会和时间不断充实自己，朝着更加专业的方向迈进和成长。

2. 全程育人的守护者与陪伴者

从时间的角度来看，“三全育人”所强调的就是全过程育人，也就是指育人工作的各个环节和各个方面都要始终贯穿于大学生成长的不同阶段之中，而在这个过程中，辅导员是起到陪伴和守护作用的。整个育人时间跨度是相对比较大的，从大学生录取到毕业离校的这一段时间，再加上毕业离校后的育人阶段都可以算入大学生辅导员的工作职责之内。在入学之前，辅导员主要负责迎新和通知相关学习内容等系列工作；在入学之后，辅导员又担任着军训、新生入学教育、班级团委建设、思想道德教育、心理教育和职业规划等方面的育人工作；待毕业后辅导员甚至还要跟踪毕业生的相关就业情况，汇总用人单位的反馈信息，由此可见，高校辅导员在整个“三全育人”过程中所起到的作用是不可忽视的。但我们要注意的是，高校辅导员的育人工作不能一概而论，要依据大学生不同阶段的不同成

长生活和心理需求给予不同的帮助，制定不同的育人方案，始终陪伴在大学生左右，引导其健康成长发展。

（二）高校管理人员角色定位

1. 在“全员育人”中的角色定位

（1）管理育人、服务育人的排头兵

要建设一流大学，不可或缺的就是与之相配套的一流机关。高校管理人员可以说是在学校中与学生接触最紧密的一类群体，他们要确实发挥好榜样和先头兵的作用，在日常的管理工作中为学生所想，为学生所急，及时解决学生所面临的困难和问题，如社会活动经费报销、成绩单打印、补考和缓考相关工作、科研活动、社团建设和评奖评优等一系列工作，都是需要高校管理人员参与其中的，他们只有优化办事流程，精简办事程序，才能提高办事效率。并且这个过程中要始终从学生的角度出发，确保学生的诉求和合理要求能够得到解决和回应，绝不敷衍，不模糊回复，真正做到管理育人，服务育人。

（2）尊重学生、爱护学生的好师长

与政府机关不同的是，高校管理人员的主要职能是负责人才培养、服务社会、文化传承、科学研究以及国际交流合作等内容的。从某种方面上来讲，高校的管理服务工作并不是简单的行政工作，而是要根据与学生相关的管理及教学运行规律对学生进行服务。因此，对于高校管理人员来说，提升服务意识是必须的，还要在这过程中淡化行政级别身份，做到服务与管理并重，充分尊重师生的主体地位，构建学生参与高校重大决策的相关管理制度，强化师生参与学校管理的民主程度，将“三全育人”的工作理念贯穿到日常的工作中，以平等的身份与师生进行交流和交往，做到尊重学生，爱护学生，成为学生的好老师和知心人。

2. 在“全程育人”中的角色定位

（1）做好大学生入学教育的引路人

大学生入学的第一课是十分重要的，高校管理人员就要帮助新入学的学生完成从高中到大学角色的转变，建立起规划大学生活的思想意识，树立正确的三观。由此可知，高校管理人员就要始终围绕培养德智体美劳全面发展的社会主义接班人要求，统筹推进各项工作的进行，把思想政治教育融入日常的管理过程中，可以通过专题讲座、军事训练、参观爱国主义实践教育基地等活动来开展相关方面的理想信念、爱国主义精神、集体主义精神以及大学精神和心理健康等教育活动，以引导新生树立正确的政治信仰和远大的人生理想，增强他们的政治使命感和责任感。

（2）当好大学生学业规划的指导师

大学生学业生涯规划可以说是解决学习困惑，形成良好学习习惯，制订学习计划的有效途径，也是加快高水平本科教育和人才培养能力的必经之路。高校管理人员在工作的过程中应当尤其注意学生的反馈信息，抓住学生的个性化成长条件，依托相关部门协同作用，与辅导员、专业教师和班主任一起来帮助学生确立学习目标，激发学习兴趣，促进优良学风、班风和校风的形成，以最终培养出学生良好的综合素质和优秀的专业能力。

（3）充当大学生就业创业的领航员

随着我国创业机制和高等教育改革的不断深入，广大高校毕业生的就业问题已经成为党和国家十分关注的一件大事。其中，大学生就业指导课程就是针对学生的未来职业规划提出相关政策建议的一类课程，他们可以帮助学生增强职业能力，助力学生选择适合自己的未来发展职业，以促进高校与学生和社会之间和谐发展。高校管理人员在这个过程中就可以充分利用自己的工作优势，将校内外的工作教育、资源队伍资源凝聚起来，为学生开设专门的就业指导课程，讲述专业的就业指导知识，联系就业实习基地等，以解决现在学生就业迷茫和专业经验不足的问题。

3. 在“全方位育人”中的角色定位

（1）课堂内外强化学生的分类培养

高校管理人员要充分意识到“第一课堂”的作用，明确学生“学好弄通”的学习目标，要设身处地积极参与到日常教学课堂的听课和查课工作中来，并且始终与专业教师保持密切联系，可以根据实际情况，提出课堂的调整和改进意见，将专业课学习与思政课程融入一起，切实提升学生学习的积极性和主动性。与此同时，还要抓住人才培养“第二课堂”的建设，以专业教师为基础，在此基础上进行细化分类培养，推行行政管理人员担任学生的班主任和社团指导教师等职务，并且以户外实践活动为平台，积极开展各类主题教育，以提升学生的思想意识，做到师生两个全覆盖。

（2）线上线下筑牢学生的思想阵地

高校管理人员还要始终牢牢把握住学生思想政治工作建设的主线，将传统与现代、线上与线下的教育模式结合起来，以促进优良学风的形成。在线上可以依托优秀的网络教育平台，如学习强国和大学慕课等，及时向青年学生输出积极向上的内容，并引导学生关心当下的时事政治和新出台的国家政策，自觉提升政治意识，牢牢把握住意识领域的主导权。线下可以进一步强化学生的日常管理工作，朝着规范化和精细化的方向迈进，激发学生社团组织活动的能力，切实发挥学生自治团体的作用，做好政策引导，形成学生“比学帮赶超”的良好态势，以增强学生学习的主动性和积极性。

（3）校内校外促进学生的全面成长

学校作为大学生成长发展的主要场所固然重要，但家庭和社会也是助推学生成长发展的主要推动力之一。由此可知，高校管理人员要充分发挥自身的职能优势，创新育人育才模式，通过在校内搭建“三全育人”精品平台，可以邀请各领域的专家和教授开办专业讲座，或者邀请知名校友和企业家与学生进行面对面交流，确保与整个育人过程是生动有趣，不枯燥乏味的。在校外，高校管理人员可以通过联合社区、事业单位和实践基地等平台，以人才培养为出发点，进一步加强大学生的实践活动能力，可以通过开展志愿活动、科普讲座和学生讲坛等活动，为学生的能力和素质提供展示平台，鼓励学生对外交流，走出学校去，提升学生的对外交流水平和综合能力。

（三）高校思政课教师角色定位

1. 马克思主义理论的传播者

要想切实办好思政课，就需要开展马克思主义理论教育，用新时代的中国特色社会主义理论熏陶当代青年大学生的思想和价值体系。当代思政课教师也应切实担负起培养学生坚信马克思主义，运用马克思主义的观点和方法，让他们学会运用这种方法去认识、分析和解决问题，与此同时还应做到传播习近平新时代中国特色社会主义思想，做到真学、真懂、真信、真用。

2. 党的路线方针政策的宣讲者

不仅如此，高校的思政课教师还承担着深入研究和阐释党方针路线理论和实践问题的职责，这在一定程度上也是由于教师的工作性质和职业特性所决定的。

从一方面来看，高校的思政课程就是要及时将党的路线和政策以及党的重大会议精神融入课堂教学之中，传播给每一个学生，让每一个学生都能够准确地掌握和领会到国家的政策理念。从另一方面来看，高校思政课教师也长期从事相关党的方针路线政策研究工作，扎实的专业知识和政策分析能力，也可以帮助其能够更好地做好分析党的方针路线，政策工作。

3. 社会主义先进文化的弘扬者

众所周知，坚定“四个自信”，就是要坚定中国特色社会主义文化自信。在当今多元化文化渗透的时代中，社会中存在着多种多样的思想文化，高校中的教师和学生也大多受到多元文化和多元价值观的影响，因此，如何传承好本国的优秀传统文化、革命文化和社会主义先进文化就被放到了首要位置，高校思政课教师要切实担负起这项责任，强化高校思政工作的文化引领功能，增强文化自信，还应当以提高大学生的思想政治水平和文化水平为己任，培育大学生对党和国家的认同感和满足感，将构筑大学生的中国梦作为课程目标，用社会主义先进文化来熏陶大学生，让他们在以文化人、以文育人的过程中弘扬社会主义先进文化。

4. 学生健康成长的引路者

高校思政课教师要在青年大学生的教学活动中为他们树立起健康成长的教育理念，成为他们健康成长的引路者。当代大学生作为青少年中最活跃的前提，应当自觉践行社会主义核心价值观，培养他们崇高的人生追求，养成爱国励志、砥砺奋进的优秀品格，积极把爱国主义精神和集体主义精神等具有中国文化特色的文化精神融入中国特色社会主义现代化的建设中去。高校思政课教师作为思政课教学的主体，他们所具有的道德品质、专业素养和行为举止都具有很强的模范性，会直接影响大学生的思想和品质成长，关系大学生未来的发展方向。而从现阶段的状况来看，我国正处于全面建设社会主义现代化国家新征程的重要时期，同时世界也在进行百年未有之大变局，那么如何培养一代又一代能够正确认识世界发展趋势，勇于担当时代复兴责任的新人就成为思政课教师工作的重点。由此可知，新一代的高校思政课教师要切实从对大学生的时代要求中找到自己的定位，扮演好自己的角色，将自我修养的提升和教书育人能力的提升结合起来，以自己的专业知识和学识魅力切实影响现在的大学生，使他们培育出终身学习、追求科学知识的理念，还要以高尚的人格来感染学生，向学生的内心传递正确的政治思想和理性光芒，引导他们走向追求真善美的未来路途，当好大学生健康成长的引路人。

二、高校“三全育人”队伍建设原则

（一）时代性原则

高校思想政治队伍的建设要始终坚持时代要求，始终以马克思主义为指导，将马克思主义作为时代的精华。而以马克思主义为指导的理论教育必然会涉及“时代的理论思维”这一概念，而思维必然是具有历史性特征的，“在不同的时代具有完全不同形式，具有完全不同的内容”①。由此可知，我们可以认为思想政治教育是存在在每一个阶级社会中的，因此，高校思想政治教育队伍的建设也必然是具有历史性、社会性和时代性的。

1. 回应时代关切

人的活动是始终存在于历史长河之中的，他们创造历史，又在时间的流逝过程中传承，而思想政治教育就是教育主体将时代精神传承给历史中的人的过程。由此可知，现代思想政治教育的过程必然要体现我们所处的时代背景，要以高度的社会责任感来完成对学生思想观念和政治理念的塑造。从目前的状况来看，我国始终处在全面建设社会主义现代化国家的新征程上，站在新的历史方位上，我们面对的是中华民族伟大复兴的战略全局和世界百年未有之大变局。显而易见，这两个局面都为党和国家各项事业的发展带来了阻力。尤其是在多元化社会思潮涌现的今天，高等教育的发展接收到前所未有的挑战，高校教育教学在办学途径和招生以及教育方法的选择方面都遇到了不小的困难。因此，在面对这样的局面之下，高校的政治思想、政治教育工作就必须要站在历史的高度上来完成，以此来回应东西方的观念差异、价值冲突来巩固自身的执政根基和中国特色社会主义制度的优越性。当在面对这些现实的社会问题时，教师所起到的就是导向作用，他们在思想观念、政治观念和道德观念上对于学生的思维形成和价值观的引导具有十分积极的作用。但如果教师的政治教育工作只是集中在书本内容的陈述上，

① 马克思，恩格斯．马克思恩格斯文集：第 9 卷［M］．中共中央马克思恩格斯列宁斯大林著作编译局译，北京：人民出版社，2009.

不能有效地面对社会现实问题，那么显然教育的有效性就会大大降低；如果教师在教育活动中只从自身的知识背景和社会经历层面来对现实问题进行解答，就很容易在价值取向和理想信念上产生偏差，也会在一定程度上误导学生。所以，高校的思想政治教育工作队伍建设必然是要有组织、有计划地进行，有目的地来回应这些问题，让我们的思想政治教育可以在现实生活中重新焕发生机活力，能够从容不迫地面对现代社会文化思潮中的激荡和交融。

2. 契合时代要求

习近平新时代中国特色社会主义思想是立足时代之基、回答时代之问、引领时代之变的科学理论[①]。因为高校的思想政治教育工作始终是以习近平新时代中国特色社会主义思想为指导的，所以教育工作的进行首先就要从时代出发，契合时代的当下特征和观点。当下党和国家对于时代和社会最迫切的要求，就是中国共产党如何带领全国各族人民全面建设中国特色社会主义现代化国家。而高校作为人才培养的重要基地，也要在思想政治理论课程改革创新的关键节点上不断优化，思想政治教育工作队伍的建设应当坚持始终以马克思主义为指导，打破学科和专业的壁垒，完成高校“立德树人”的根本教育任务。同时我们还要注意的是，要重点将队伍建设放在意识形态和思想政治理论素养的培养上，以此来回应整个时代对于高等教育发展的需求。在严峻的后疫情时代、逆全球化浪潮的大背景下，青年大学生就成为境外反动势力渗透的首要群体。面对这个问题，我们不能退缩，高校思想政治教育工作要直面这个问题，把党和国家的利益放在最前面，高等教育的现代化建设要始终以党和国家的方针政策为指导。具体而言，就是要坚守大学生意识形态教育，构筑“大思政”格局，然而仅从单纯的思想政治课程角度来改革来说是远远不够的，而是要把教书和育人相结合，将技能培养、知识理论传授和人格道德养成相结合，建设一支用马克思主义的立场、观点和思维方式来武装自己的人才培养队伍，只有真正做到坚持不懈，用习近平新时代中国特色社会主义思想铸魂育人，才能引导学生真正扣好人生的第一颗扣子。

（二）协同性原则

不仅是时代性原则，高校政治教育队伍的建设还要坚持协同性原则。“三全

① 中共中央宣传部．习近平新时代中国特色社会主义思想学习问答［M］．北京：人民出版社，2021.

育人”教育理念所强调的就是要构建一种无缝对接的整体性教育体系，也就是我们常说的“大思政”教育格局。“三全育人”中的“全”是关键，而要想达到“全”，就必须要建设一支数量充足、素质过硬的教师队伍。

1. 师资建设与人才培养协同

协同我们常常认为是一种关系范畴，旨在协调两个及两个以上不同个体或资源，使他们可以共同完成一项工作。“三全育人”视域下的高校思想政治教育队伍，是一支覆盖人才培养全部过程的队伍，涉及整个人才培养时间和空间的全过程，肩负着思想政治教育工作、具有思想政治教育工作能力的教师队伍形成，这项工作的进行也是在整个高校范围内进行渗透的。由此可知，协同思维就是在建设教育队伍中所必须遵循的原则，这种思维侧重于关系连接和力量培育，要想进一步扩充教师队伍建设，教师队伍的人数和人员素质的提升就是最基本的。

从教师队伍的建设角度来看，“三全育人”教育理念就是要将高校人才的全部培养时间和空间用来建设思想政治教育队伍。从这个角度来看，队伍建设所需要遵循的协同性原则就是指，思政教育的主体力量不再仅限于专业的思政教师，凡是与学生学习和生活中有接触的教职工中都要加入思想政治教育工作中来。在“大思政”教育格局下的队伍建设要打破教职工界限，突破学院和专业壁垒，将大学生在校园内的学习和生活联通起来，构建一种“专职为主、专兼结合、数量充足、素质优良”的教师队伍。由此可知，思政教师工作队伍建设不仅需要专业的思政教师，承担非思想政治课教学任务的教师也需要纳入思想政治教育队伍之中来。

2. 思想政治课程与课程思政协同

大学生的高校思政教育主要还是集中在教学课堂上，也就是在大学生的学习过程中实现的。由此可知，高校思政队伍建设所需要遵循的协同思维就必须要尤其重视课堂教育环节，教育过程要与课堂教育主体及时联通，也就是说在人员配置上打破政治教育工作和学科专业教师之间的壁垒。从一方面来看，高校的思政专业理论课教师可以通过课程思政的建设与非思政专业的教师进行交流，在马克思主义理论的教学和科研等方面也可以提供人才和理论支撑。从另一方面来看，思政课程与课程思政教师的融合，也可以将教学课堂进行横向拓展，全面延伸，从专业教育、基础教育和思政教育等方面实现教育内容的全方面贯通。与此同时，在“三全育人”的视域下，高校之内、课堂之外的其他部门也应该承担起思政教育的责任和义务，教师队伍的建设协同思维也应当体现在教学、学生管理和党委等部门的协调上，以此来达到全过程、全方位、全员的教育效果。

（三）人本性原则

高校思政教育队伍建设还要遵循人本精神，始终坚持以人为本的原则。在现代社会物质财富极大丰富的同时，人格的发展也有了更多的保障，但在这样的情况下，人的思维和行为方式却也在某些方面出现了出格的行为。由此可知，人的精神世界是我们在教师队伍建设过程中应当关注的一个问题，人本精神也就成为当下重要的价值需求。从高校思政队伍建设的根本来讲，这不仅是受教育者人的建设，也是对于政治教育工作者人的建设。因此，马克思主义的人本精神就必然成为其中一条重要的价值遵循原则。

1. 注重教师主体的政治建设

人本精神这一概念最初其实是来自现代的西方社会，在当初的人本主义思潮中，马克思对其进行了扬弃，最终才形成现在我们所说的马克思主义人本精神。概括来讲，他所强调的不仅是对于个体的关注，更多的是从感性的社会角度层面来关注人的自由与发展。从这个角度上来讲，马克思主义的人本精神与习近平新时代中国特色社会主义思想中所强调的“以人民为中心”的思想是具有一致性的。与此同时，马克思主义的人本精神是在人的感性基础上强调人的价值意义，将人本关怀作为出发点与立足点。思想政治教育对于大学生来讲，既是一种精神塑造的思想活动，又是一种人才培养的社会活动，思想政治教育工作者的政治素养也成为体现最终教育成果的一类重要因素。思想政治教育队伍中的教师往往都具有极高的政治自觉和政治素养，在思想和行动上始终与党的政治理念和主张保持一致，体现出真实的思想政治性。值得注意的是，思想政治教育工作者只有在十分感性的社会关系中，才可能塑造出真实的马克思主义理想信念和精神品格，才能使学生的真实世界中真正形成政治立场和理想信念。所以说，高校思政队伍的建设不仅是数量上的扩充，而且是对于教师本身精神世界的建设，是一种人的建设。

2. 突出教师主体的人格培养

思想政治工作从根本上说是做人的工作，必须围绕学生、关照学生、服务学生[①]。只有思想政治教育主体拥有健全的人格，才能真正做到对学生的关照和服务。良好的人格品质可以分为道德素质和心理素质两方面，而高校“立德树人”的根本任务也是体现在这两方面。人本主义的教育思潮中有这样一种观点，当教育者将最真实的人的形象展现在学生面前时，师生关系的效果与建立才会更加真实有效，这在一定程度上也是对于我国古代“其身正，不令而行”教化作用的一种验证。因此，人本价值取向上的政治思想和政治队伍建设，必须以教师的精神世界为主，将其主体人格突出出来，使教师具备可以进行思政教育的道德规范和心理素质。除此之外，教师主体的人格培养还要在自身认同感上着力。自我认同，我们可以理解为是一种精神力量，它可以激发教师在教育活动中非理性因素的活力，形成教育的感染力，从而在真实的教育活动中影响学生。从教育实践的活动过程来看，学生教育效果的达成也是对于教师能力和素质的一种反映。由此可知，只有教师具有极强的自我认同感，才能更加有效地开展思想政治教育工作。

三、高校“三全育人”队伍建设方法

（一）加强思政课教师队伍建设

1. 提升政治素养

思政课教师是学生道德理论知识的直接施教者，因此，其对学生授课的过程也是帮助学生构建道德观念与道德行为习惯的过程，教师的教学效果能够在一定程度上影响学生养成怎样的道德观念与道德行为习惯。因此，为了能够更好地引导学生正确学习马克思主义，使其形成坚定的思想意识与人格品质，思政教师必须以身作则，坚守政治立场，谨慎发表言论，坚定自身政治信仰。

2. 增强科研能力

理论是一种精神力量，我国高校现阶段的思政课程较为明显的特征之一就是具备非常强的理论性，这种理论可以通过实践转化为物质力量。由于理论性较强的课程普遍都非常枯燥无味，因此，要想提升学生的学习兴趣，思政教师首先就要使自身具备非常充足的专业理论知识，并能够将已经掌握的理论知识转化为生活化的语言向学生输出；其次，教师也应该重视自身科研能力的不断提升。在提

① 习近平．习近平谈治国理政：第 2 卷［M］．北京：外文出版社，2017.

升自身科研能力时，可以通过以下三方面进行。第一，思政教师要对自己高标准、严要求，课余时间研读马克思、恩格斯、列宁等人的著作，将其中的哲学思想更加系统地把握。第二，思政教师要注重对自身理论知识的定时更新，通过积极参与学术研讨会等活动，对自身已经形成体系的理论知识进行补充，帮助自己成长，在研讨会中，还有机会与骨干教师面对面交流教学经验，有利于开阔自己的视野，从而推动自身发展。第三，要积极参与学校举办的专项课题研究。最后，学校为专任教师开设的课题研究工作具有系统性的特征，因此，教师积极参加课题研究对自身理论知识的掌握与科研能力的提升都有着极大的促进作用。

3. 提高育人能力

学校要通过整合校内资源，完善教师成长模式的方法，提高育人能力。在完善成长模式时，应该鼓励青年教师积极进行课堂实践，并努力形成有经验的教师与青年教师之间“以老带新、以新促老、共同提高”的发展态势。青年教师对于自身教学技能的提升应该予以重视，在学校开展公开课、研讨课、示范课以及竞赛课时积极参与，在这些课堂活动中对自己的不足进行实时反思，并从这些课堂实践中努力吸取其他教师的优点，以此来弥补自己在教学过程中的短板问题。由于思政课具有非常强的时效性，因此，思政课教师也应该随着思政内容的更新而不断与时俱进，必须将党的新思想、新方针与新政策及时地引入课堂教学。在学生学习的过程中，要为其穿插思政经典理论的解读与学习，在学生看问题时，要积极引导使用辩证的观点。

（二）着力推进辅导员队伍建设

辅导员作为高校思政课教师队伍中的一员，是全员育人格局的重要组成部分，也是现代教育建设中做好立德树人工作的关键环节。通常，高校辅导员都具备双重身份，一是教师，二是管理干部。作为教师，辅导员需要对学生进行实践教育、能力训练与人格养成等方面的教学活动，作为管理干部，“辅导员工作任务的质量和水平，在一定程度上决定了高校‘立德树人’任务完成的质量和水平”[①]，其对于学校、师生与学生组织之间起到了桥梁作用。

① 任少波. 辅导员：高校立德树人的关键力量 [M]. 北京：高等教育出版社，2016.

1. 明确育人职责

辅导员的日常工作就是管理学生、服务学生与教育学生，工作的主要特征就是“繁、杂、多”，面对这样一份工作，辅导员对自身理论知识的学习与自身的育人职责就会有所忽略。有人发现，辅导员的人格魅力与专业水平能够对学生的学习效果产生直接影响。因此，要想使学生的学习效果达到最优化，辅导员就要在日常的工作中，通过学习相关政策、积极参加岗位培训活动来提高自身的素质与修养。这样做有两方面的益处，一方面，辅导员通过对相关政策进行学习，可以清晰地认识到自己的育人角色，更好地为自己的工作进行定位。辅导员要认识到，教育学生就是在为国家培养人才。因此，作为学生成长的引领者，必须要坚持“育人为本、德育为先”的工作理念，作为育人工作的骨干力量，必须爱国守法，在教育学生的过程中，要多站在学生的角度考虑问题，并不断增强学生的认知能力与文化素养。另一方面，辅导员在提高自身素质时，可以使用培训平台来达到这样的目的。有一些刚刚步入高校校园展开工作的辅导员，对马克思主义理论与管理学等相关课程的学习并不深入，具体来说，就是缺乏一定的教育与管理经验，这样一来，辅导员就需要增强自身的综合素质、完善自身的工作方式，而为了达到这个目的，参与培训并汲取其他辅导员在工作中的经验是非常必要的。

2. 提高理论素养

辅导员的工作对象是价值观与世界观尚未定型、思维仍处于较为活跃状态的大学生群体。因此，在做学生工作的时候，辅导员要以身作则，润物细无声地为学生建立起正确的人生观、价值观与世界观。在辅导员对学生进行教育的过程中，生活琐事的处理是非常重要的。现如今，科技高度发展，知识在网络中以碎片化的形式存在着。因此，辅导员为了能够在面对学生时，为其做好相关的育人工作，就必须要具有相应的教育知识、社会文化知识与人文底蕴来做支撑。要提升自身的理论学习能力，辅导员就要对马克思列宁主义哲学思想有非常系统地掌握。在学生进行思想实践的过程中，辅导员也要学会使用唯物论与辩证法的观点去分析实践活动。现如今，时代发展迅速，辅导员也要通过网络丰富自己的理论知识，增强自己的学识，要以高标准对自己严加要求，注重自身的全面发展。为了使自身的政治立场更加坚定，辅导员可以经常阅读马克思主义的经典著作和马克思与恩格斯之间的通信，并尝试从中了解其生平事迹，为自己的政治信仰添砖加瓦。具备高度的政治敏锐性是社会对当代辅导员的最基本要求。辅导员要注重自身马克思主义理论素养的提升，平时要对国家的发展动态予以高度关注，对党的重要文件与文献也要及时阅读。对于最新的理论问题与感兴趣的话题，可以通过查询资料与研究的方式进行了解。

3. 增强能力素质

辅导员在实际工作中应当准确地应用自己已掌握的理论知识，让自己的工作更加有效率。工作成效受到教师工作能力的直接影响，因此，对于现代高校中的辅导员来说，自身能力素质的高低能够决定其工作成效的优劣，要想获得更好的工作成效，就必须注重加强自身的能力素质。大学辅导员的能力素质，具体来说包括组织能力、管理能力、沟通能力、创新能力与学习能力等。第一，辅导员在组织、管理学生时，究其根本是为了让学生提升对自己下达要求的执行力。在高校中，一名辅导员需要管理多名学生，这些学生有些还不是同一个专业的，因此，这些学生在思维方式与观念上就会存在较大差别。辅导员只有自身具备了较强的组织管理能力，并且加强对班干部的培养，使其帮助自己共同管理班集体，这样才能使自己的工作效率显著提升。除此之外，组织学生活动也能够能在很大程度上增强辅导员的组织与管理能力。第二，作为高校辅导员，与学生进行良好的沟通是一项最基本的工作内容，因此，辅导员具备沟通能力在开展学生工作中是非常重要的。辅导员要在线上运用媒体网络或在线下了解学生的生活习惯与语言交流方式，与学生保持生活与学习上的沟通。第三，创新能力与良好的学习能力也是作为一名合格高校辅导员必须具备的，这两种能力也能够帮助辅导员提升自己的人格魅力。由于学生的思维还尚未定型，处于一个仍在变换的阶段，因此，辅导员要想辅助高校实现育人功能，就必须不断转变自身教育思维，对党的理论知识、先进的教学技术与时代化的教育模式也要深入学习，引领学生从生活实际出发，不断接受最新的思想政治教育。

第四节　构建高校“三全育人”的评价体系

一、高校“三全育人”评价体系问题分析

（一）学生评价体系问题

现如今，社会经济不断发展，社会对人才的需求不断加大，对于人才的要求也越来越精细化。高校最重要的作用就是为社会培养人才，而高校为了能够更好地承担社会责任，就必须针对学生建立客观全面的评价体系，积极对学生进行综合评价。但现阶段，高校中现有的课程评价、素质评价等评价体系仍旧有很大的提升空间，家长与学生对这种评价体系的信任度也不高，这种情况的主要表现有以下 3 种。

1. 课程评价问题

在高校育人工作中，对学生的课程评价是建立“三全育人”评价体系的基础，现阶段，学生的考试成绩是教师对其进行课程评价的最主要依据。学生考试成绩的高低主要受两方面影响，一方面是教师所出试卷的难易程度，另一方面是教师带领的考前复习的详细程度。现如今高校的考试，除了大学英语四六级与计算机等教育主管部门负责的统考之外，几乎大部分的专业课程与公共课程都是由高校内部的教研室与系部组织的，也正是由于这个原因，教考分离无法真正实现。在高校进行的每学期例行教学检查中，对于试卷批改、归档的规范性与考试及格率等方面都只流于形式，而并不深入探查试卷的合理性。除此之外，不甚公平的考试作弊现象屡有发生，这在很大程度上使考试成绩的客观性受到了一定的影响。

2. 学生素质评价问题

教师对于学生素质的评价，远没有教师对学生学习高校课程的评价标准明确。由于对学生的素质评价由观点与看法不同的班主任或辅导员完成，他们在评价过程中就会将各科教师提供给自己的学生学业成绩与自己对学生思想道德的掌握情况作为依据，再结合自己考虑问题的角度、与学生接触的频繁程度和其自身的经历、家庭与教育背景对学生的素质进行评价，这就会导致教师对学生的素质评价

带有一定的主观色彩，不同的教师会对同一个学生出现不同的评价结果，使评价结果缺乏客观性、准确性。

3. 评价结果问题

现阶段大部分高校普遍运用的评价方式是对学生开展终结性的综合素质鉴定评价，即评价时间大多集中于每个学期、学年甚至学生毕业的时刻。在对学生进行评价时，教师总会把名次排序与评奖评优作为加分项，因此，评价结果对于无法参与评奖评优的同学来说并不重要，甚至他们对于这些评价结果会逐渐由不在意转变为抵触，这就会使高校的育人工作得不到应有的效果。与此同时，我们也可以发现，这种评价结果缺乏动态性，评价过程也较为片面，对学生在学习过程中产生的能力与素质的变化情况无法及时准确地反映。

（二）辅导员评价体系问题

1. 评价体系目标问题

对学生进行考核评价所需要达到的效果就是考评体系的目标。现如今，无论是何种层次、哪个地区的高校，都在一定程度上存在重课堂教学、轻教育管理的情况，不重视辅导员的考核评价，无法发挥考核对学生的激励与警示作用。甚至这种情况已经影响到辅导员对于考评的认识，他们现在普遍认为考评就是一种无法对其职业生涯的发展规划起任何作用的年终形式。

2. 评价体系单一问题

高校应当针对辅导员建立多维的考评体系，这是因为现阶段高校存在针对辅导员的考评体系较为主观化，对于辅导员的量化显性业绩较为重视，这样就非常容易忽略辅导员在实际工作中发挥责任心与自身拥有的理论水平。另外，高校对于辅导员在工作过程中工作能力的提升不甚重视，导致辅导员队伍相对比较缺乏长远发展的能力。

3. 评价结果模糊问题

目前，高校对辅导员的考评重结果本身，对考核的过程与考核结果的运用并没有提起应有的重视。另外，辅导员对考评结果的分析、反馈与反思并不到位，许多辅导员只了解对于自己的考评结果，却不知道该如何根据考评结果完善自己的工作，这在一定程度上阻碍了辅导员的职业发展。因此，为了不断推动高校辅导员队伍的建设与健康发展，就必须将考评结果与辅导员的工资待遇、职务晋升与职称评定等有机联系在一起，增强辅导员对自己工作的积极性。

二、高校“三全育人”评价体系建设要求

（一）对评价方法的要求

1. 坚持定性评价与定量评价相结合的评价方法

为了更好地实现对评价材料“质”的分析，我国现阶段使用的“三全育人”定性评价方式主要是分析、比较与归纳等。评价主体对“三全育人”的结果与目标是否相同。在评价主体对评价对象进行定性评价时，会按照自身的经验、专业与评价指标，对其日常表现、育人效果与他们提供的育人材料进行综合评判。育人成效是定性评价方法最根本的立足点，但现如今在高校中对评价对象的评价是以“三全育人”为基础的，对于育人过程中“量”的分析并不重视，这就会使评价结果缺乏精细度，使评价对象对评价结果无法正确把握。因此，高校在对学生进行评价时，除了使用“三全育人”定性评价，还要注重评价的定量方法。我们将评价主体收集、整理在“三全育人”过程中产生的数据进行分析的活动叫作“定量评价方法”，其具备客观性与精准化特征的原因就是由于在定量评价中使用了极为精细的评价数据。但长此以往，就必然会导致这种评价方法过于依赖数据，要想摆脱这种状况，就需要量化育人内容，如果有些育人内容是无法被量化的，那么在这种评价方法中得到的评价结果就必然会缺乏准确性。因此，我们就可以通过上述分析出定性与定量相结合的评价方法的必要性。

2. 坚持纵向评价与横向评价相结合的评价方法

高校对于自己在育人过程中所做的前后比较就是高校“三全育人”的纵向评价。这种评价方法有利于高校直观地看到自己对于评价对象的育人成效，如果想使高校对自己育人成效的显著性有相应了解，就必须要在纵向评价的基础上发挥横向评价的对比优势，不断完善高校“三全育人”的评价机制。横向评价就是指对“三全育人”的成效进行评价，在高校运用“三全育人”工作方法进行育人工作时，在这种评价方式下就要通过比较同级高校之间、高校各部门之间与高校同级人员之间来进行。横向评价方法是纵向评价方法的补充，通过使用横向评价与

纵向评价，能够使高校“三全育人”的评价体系更加周密、更加完善，有利于对高校之间、部门之间与人员之间的育人成效精准把握，也有利于高校“三全育人”工作考核评价的顺利进行。因此，我们可以在建立高校“三全育人”评价体系时得到一些经验，即将使用现有的评价方法与探索新的评价方法相结合，使现有的评价方法与新的评价方法构成各具优势、协同互补的评价体系。

（二）对评价主体的要求

1. 明确“三全育人”高校评价

在进行“三全育人”时，评价主体是为大学生实施思想政治教育工作的各大高校。但除此之外，实施“三全育人”工作的主体并不是只有高校，家庭、企业与实践基地等也都是协助高校进行育人工作的主体。但是，评价客体在传统的评价机制中并没有机会参与到评价过程中，这就会使评价主体与评价客体无法实时互动，进而影响评价的效率与效果。因此，针对这一问题，就要想方设法将评价客体转化为评价主体，从而将评价客体积极引入“三全育人”的评价活动中。为了使育人评价机制更加科学、更加精准、更加合理，就要努力促进评价主体与评价客体的统一。

2. 明确“三全育人”社会评价主体

在高校实施“三全育人”工作的过程中，除了要将“三全育人”的评价主体范围确定，还需要不断扩大评价主体的范围，使其涵盖社会各阶层。现阶段，我国高校“三全育人”的评价主体主要有三类，第一类是育人工作的组织者，第二类是育人工作的实施者，第三类就是受教育者。组织者是指承担“三全育人”整体规划与设计工作、对“三全育人”实施者的指导、监督与评价工作的各级教育行政部门与高校党委领导者。实施者就是社会中所有参与育人工作的高校、企业与家庭。受教育者，顾名思义就是在高校中接受教育的大学生群体，为了更好地建立健全评价机制，保证评价机制在评价过程中的真实有效性，因此，就需要将大学生——育人活动的直接参与者与受益者转化为评价主体。

三、高校“三全育人”评价体系建设方法

（一）学生评价体系建设方法

1. 建立科学评价体系

不但要重视学生的学科成绩，对于学生的综合实践能力更是要放在重要位置。在对学生的学科成绩进行评价时，要注意不能将学生的考试成绩作为唯一的评价指标，除此之外，还要加强与学生课上、课下的交流，这也是为了能够更好地对学生进行课程评价。学生在学习过程中呈现对教学内容的理解与把握，以及学生在学习过程中所产生的思维方式、方法与思维过程都是教师对学生进行课程评价需要参考的指标。高校在建立健全评价体系时，必须要在评价体系中为教师留出一定的空间，即使教师在对学生进行评价时具备更强的自主性。在对学生的素质进行评价时，必须客观、翔实地描述学生在学校期间的学习与生活状态，这些内容包括学生是否遵纪守法、是否能够与人进行良好的人际沟通与情感交流活动、在学习与工作中是否有充足的积极主动性、心理素质与综合素养是否达标等。因此，只有将评价指标体系设计得更加科学，教师才能够在评价学生的过程中更加客观，高校也才能够更有效率地实现人才培养的目标，为全面育人与全方位育人的实现打下坚实基础。

2. 全员参与评价体系

现阶段，高校对于学生综合素质的评价人员主体相对比较单一，虽然个别的学生干部有时也会参与对其他学生综合素质评价的活动中来，但只有班主任或辅导员会全程参与。在建设高校“三全育人”评价体系时，必须要求授课教师、班主任或辅导员、同学、社团组织与学生本人都参与到评价环节中，为了更好地将学生的综合素养进行考核，必须要对评价的形式、标准与侧重点进行相应的调整。除此之外，高校在评价体系中也应该添加有关对学生校外实践的评价，这样有利于发挥评价结果的育人导向作用，使学生能够通过评价更好地规范自己的行为。

3. 重视评价体系作用

重视评价体系的育人作用，就需要高校在育人过程中努力转变自身的思想观念，这样才能够增强评价的时效性，也就更能通过评价产生的育人引导作用充分发挥到高校育人工作中。“三全育人”的最终目的是促进学生身心全面、健康发

展，激发学生自身的潜力，因此，"三全育人"以"人"作为最重要的视觉焦点，在建设评价体系时，高校也要充分考虑"三全育人"的这项特点，将"以人为本"的评价理念完全贯彻落实在高校的评价体系中，对于学生的优势与不足要使用发展的眼光与激励的态度正确看待。在新时期背景下建立起来的学生评价体系，必须将帮助学生自我提升与发展作为出发点与落脚点，充分发挥评价优势，为学生提升自信心、发挥自身优势、拓展自我发展与自我完善空间作贡献。另外，为了为社会输送一批又一批技能强、素质高、全方位发展的高质量人才，在对学生的综合素质进行评价时，必须将"以人为本"作为根本遵循，将学生的终身发展作为评价的最终落脚点，关怀、爱护学生，帮助学生形成良好的综合素养。

（二）辅导员评价体系建设方法

1. 明确主体单位

高校为了更好地进行"三全育人"工作，实现高校在社会中发挥育人功能，除了建立学生评价体系之外，建立辅导员评价体系也是非常重要的，需要注意的是，对于辅导员进行考核评价的主体单位必须要明确。通常情况下，辅导员评价体系的考核模式非常严谨，一般是由学校党委领导、学生工作部主导、辅导员所在的二级学院（系部）人员共同参与。这是为了使各个部门对辅导员的评价更加客观真实，也是为了使组织人事部门充分了解辅导员的具体工作。

2. 完善设计方案

完善设计方案首先就需要确定辅导员的考核评价方式，在对辅导员进行考核评价时，是由四个主体分别进行的，这四个主体分别是学生评议、二级学院（系部）考评、主管部门考评与业绩考评。学生评议小组是由二级学院组织的学生构成的，在这些学生中，既包括学生干部，也包括家庭贫困的学生，还包括普通学生，他们的总数占二级学院（系部）的 20% 左右。二级学院考评是由辅导员与任课教师自评及召开党政联席会完成的。主管部门考评是指学生工作部针对辅导员的工作情况组织相关部门进行的考核评议。业绩考评就是对辅导员提供的科研与获奖情况进行综合评定，再将评定后的结果按照一定的标准打分，将分数作为考核成绩的一部分。

其次，对于辅导员的考核评价内容也要予以确定。辅导员的日常工作需要与对辅导员考评挂钩，辅导员的日常工作内容需要依靠学校出台的辅导员工作条例与工作规范来加以确定，这也为辅导员的工作目标任务与要求提供了制度性保障。在对辅导员进行考核评价时，评价主体就可以使用目标任务与要求作为评判标准，对辅导员进行有针对性的考核。

再次，在建设辅导员评价体系时，要注重遵循定性与定量相结合的原则对辅导员考核评价指标进行设置，在对辅导员进行考核时，将“德、能、勤、绩、廉”作为评判标准、设立量化指标。采取量化方式对“勤、绩”两方面进行考核，也可以为了使评价工作更具公正性与客观性，评价主体也可以将主观性的评价因素以量化方式呈现出来，这也能够使评价工作更直观。

最后，完善辅导员考核评价的分值量化结构也是建设辅导员评价体系不可或缺的一部分。在上述提到的考核评价四个主体中，服务对象即学生的评价是前提，在总体评价中占比 20%；院（系）级的考核在评价体系中占比最多，高达 40%，院（系）级的考核是辅导员考核评价的基础；主管考核在整体考核体系中占比 30%，是作为考核主体的主导存在，而占比 10% 的业绩考评则在辅导员的考评体系中起到补充作用。最终辅导员的考核成绩就是由这四个考核主体的加权总分构成的。其中，作为考核权重最大、对辅导员工作尽在掌握的院（系）级部门，其在考评中需要承担的责任也更大，这个部门需要查看辅导员上交的各项材料，也需要在实际工作中对辅导员进行密切观察，将材料与实际观察到的辅导员动向相结合，这样才能在一定程度上保证考核结果的真实、客观。

3. 充分利用结果

为了避免使辅导员的考核结果形式化，就必须对其进行充分的运用。除了对辅导员的评价结果进行内容考核与执行设计，一些如辅导员评优、专技晋升与津贴发放等制度设计也要囊括在辅导员评价体系建设中。对辅导员工作的考核结果可以分为三个等级，分别是优秀、合格与不合格。评价结果为“优秀”的辅导员可以在评选先进个人时有优先权，除此之外，还可以在职务与职称的评聘中适当加分。

（三）课程思政评价体系建设方法

1. 把握评价结果

课程思政在高校建立“三全育人”评价体系的过程中发挥着一定的作用，对学生进行思想政治教育就是为了使学生自身达到知识与行为的统一。大学生价值观与人生观的树立必须要通过对马克思主义理论的系统学习来完成，学习马克思主义理论知识也有利于学生形成坚定、伟大的理想信念。因此，对于思政课教学质量的评价，有些非常明确的要求与特征，高校在评价时必须要建立在具备知识理论的基础之上，坚持知识性评价与价值性评价相结合，发挥价值性评价对知识性评价的引领作用。因此，我们可以看出，知识评价与价值评价、内在评价与外在评价都是高校思政课教学质量评价的主要内容。

2. 推动评价范式转换

只有不断创新思维，增强思政课对学生的吸引力与教师在教学过程中的时效性，将教本位转换为学本位，才能从根本上改变传统的评价方式。在以学本位为评价范式的理念背景下，有形投入逐渐不再适用。由于评价已经从传统的评价教逐渐转化成了评价学，因此，侧重点的改变也在一定程度上影响了学生思政课的学习效果。自从思政课教学评价向学本位模式转变以来，高校就对学生的主体地位给予了更高的重视。站在教师的角度来分析，虽然自己是为学生传授知识的那一方，在教育过程中具有非常重要的作用，但教学的最终目的还是使学生能够通过教师对知识的教授真正理解知识，并将学习到的知识内化为他们自己的能力，这一点无论是教学经验较少的教师，还是实践经验异常丰富的教师，都是一样的，能够决定他们教学质量好坏的只有学生对知识的掌握与理解程度。在将思政课的教学核心目标充分理解之后，就可以对学本位的评价范式进行运用了，要始终牢记将学习效果即有形教学资源作为教学评价的核心。以有形要素评价为依据来对思政课的教学质量进行评价是不可取的，需要将学生的学习效果进行充分评价，这才是能够从根本上保证思政课程教学质量的评价方式。

3. 完善学习效果评价体系

高校在进行思政课教学效果评价时，要特别注重对大学生理论知识、应用能力与思想政治素质这三方面的评价。为了提升高校对学生进行知识、能力与素质的评价效果，必须坚持理论联系实际，不断创新与改进现有的思政课考试办法，在运用过程性评价时，也要贯彻知行合一的原则，为建立健全大学生思政课评价体系提供更为科学的参考依据。例如，过程性评价与总结性评价相结合在实际考试过程中就可以表现为开卷、闭卷相结合以及日常成绩与期末成绩相结合。此外，为积极提升学生的学习效果，构建立体化的大学生学习效果评价体系，就要鼓励学生积极进行社会实践，促进在实践过程中形成正确的思想道德观念。

第四章　高校“三全育人”实践路径的创新

本章为高校“三全育人”实践路径的创新，内容包括、高校“三全育人”组织路径的创新、高校“三全育人”创新路径之实践育人、高校“三全育人”创新路径之文化育人、高校“三全育人”创新路径之思想政治教育资源整合。

第一节　高校“三全育人”组织路径的创新

一、高校基层党组织领导下的“三全育人”

（一）高校基层党组织的功能定位

1. 政治引领职能

高校基层党组织在高校中是政治核心，对本单位的改革和发展发挥着导向引领和保障作用，参与教学、科研、管理和服务等重大问题的讨论和决策，将工作重心转移到育人这项根本任务上来，跟踪人才培养的全过程，除此之外，高校基层的党组织在教书育人、为国家培养社会主义事业的建设者与接班人时，必须将党的基本路线、方针与党的教育方针和学校的各项工作部署按部就班地根据党对人才的要求贯彻落实。

2. 保证监督职能

高校基层党组织监督作用的发挥必须遵循党章与《关于新形势下党内政治生活的若干准则》规定，检查、监督党员、干部对党的路线方针政策、遵纪守法与联系群众是否严格贯彻执行，除此之外，还要时刻关注党员干部的思想政治道德水平，监督本单位对学校党委与行政的决定决议是否在抓紧落实。高校基层党组织还要与行政负责人紧密配合，动员党员群众对行政负责人的改进工作全力支持、积极参与，保证工作的正常实施。党的政治纪律与政治规矩是需要维护的，党员干部的廉洁形象也只有在监督中才能充分体现，清廉的党风、政风与校风都离不开高校基层党组织的监督。

3. 参与决策职能

高校基层党组织必须参与高校的各种决策，在实施这个功能时，主要包含两方面的内容。一方面是高校党组织需要使党员意识到自己是高校的主人翁，积极促进党员对本单位与学校进行改革建设工作。另一方面是为了为社会培养适应其发展需要的人才，高校基层党组织就必须培养高度的政治责任感，对本单位的教学、管理与科研工作的讨论与决策都要积极参与。除此之外，高校基层党组织必须要参与讨论与决定的事项还有本单位的工作计划、任务安排、人员调配、职称评聘、激励奖惩等，为了保证决策的顺利执行，高校基层党组织必须加强与行政部门的密切合作，同时，也要给予行政负责人一些独立展开工作的空间。

4. 管理教育职能

党员在教育、管理与监督方面的活动都是由党的基层组织来组织的。党执政的基础就是有基层的党组织为其做保证、做后盾，基层党组织在我国的政治地位非常高，其功能具体来说就是承担党建工作，如教育、管理、监督党员履行义务，保障党员权利不受侵犯，发展、吸收新党员，惩治与预防腐败等。高校党组织为了能够真正发挥在高校育人工作中的有效性，就必须充分行使管理教育职能。

5. 联系服务功能

高校基层党组织要明确自身定位，党员是党组织的主体，群众是党员的服务对象。也正是由于党员必须要为群众服务，高校党组织就必须坚持以人为本，将服务师生与服务社会作为自己工作的核心，具体来说，就是要服务高校科学发展、服务师生全面进步、服务学生成长成才等，在高校中展开能够体现基层党组织对党员关怀、帮助的各种活动，从生活、工作与学习的实际出发，将党组织对党员的照顾体现在方方面面，增强党员对党组织的信任与依赖，提升党员在党组织内的归属感。联系服务功能还有利于调动党员的积极性，使党员队伍散发活力，因此，为了维持党组织内部的和谐稳定，基层党组织就必须做好服务群众、服务师生与关爱党员工作等后勤保障工作。

6. 桥梁纽带功能

高校基层党组织的桥梁纽带功能是由其所处的位置决定的，高校基层党组织处于学校党委与党支部之间，为高校党委与师生员工之间的沟通提供了渠道。因此，为了使党员更方便与党组织反馈高校间存在的种种问题，必须要建立健全党内民主机制与工作机制的平台建设，真正实现以党内民主带动人民民主。为了能够更好地发挥高校基层党组织的桥梁纽带功能，党组织要求高校基层党务干部要注重自身形象建设，良好的政治形象、工作形象与作风形象是一个高校基层党务干部必须具备的，这样才会令师生群众对党组织举办的各项活动提升积极主动性，也会在活动中将自身的信任交予党务干部，从而实现在学校党委与师生之间架起一座友好沟通的桥梁。

（二）高校基层党组织育人工作困境

现阶段，我国高校基层党组织在育人工作中存在以下 4 点问题。

①基层党组织在“三会一课”任务外，并没有继续在高校中开展党内活动，这严重阻碍了党支部与党员教师在高校中更好地发挥育人作用。

②高校基层党组织在高校中并没有利用好自身的身份与地位优势，许多党组织工作仍旧停留在表面，如在为学生讲解思想政治理论时，并没有使用国家与国际社会的时事政治作为具体事例，这会使教学比较缺乏实践性，久而久之，就会使学生丧失学习兴趣，也不利于产生良好的教学效果。

③目前，高校基层党组织的育人方式已经跟不上最新的时代形势，在互联网与相应技术方法迅速发展的今天，许多高校都没有树立利用互联网进行育人工作的意识，自然也会导致其在育人工作中缺乏工作效率，具体来说，高校基层党组织在育人的广度、深度与精度方面都不够出众。

④高校基层党组织在进行育人工作时，忽视了对学生理想信念方面的教育，并没有制定或在制定有针对性的理想信念教育方案后并没有产生良好的效果，部分学生在相对比较缺乏理想信念教育的背景下，没有建立起应有的服务意识，不具备较强的政治敏感度与鉴别力。

（三）高校基层党组织“三全育人”原则

高校基层党组织要在高校中开创新时代高校思想政治工作的新局面，为国家培养能够承载民族未来、担当民族复兴大任的时代新人，一方面要坚持党的领导，在党的领导下充分发挥高校自身育人优势，为提升高校思想政治工作的亲和力，高校必须将立德树人作为育人工作的根本，将对学生进行理想信念教育作为工作核心，以社会主义核心价值观作为引领高校进行育人工作的主要价值观念，着力提高自身人才培养能力。另一方面，要加快建设全员、全过程、全方位的育人格局，在高校思想政治工作体系的建设方面，要注重工作体系的基础建设，突出工作重点，将思想教育工作体系的规范逐步建立起来，将责任落实到个人，保证高校思想政治工作体系高效运转。

第一，坚持育人导向，把价值引领放在“三全育人”的首位。为了建立系统化的育人长效机制，并将其不断完善，高校要注重对各学院中办学治院各领域、教育教学各环节、人才培养各方面的育人资源与育人力量的重视，结合高校教育教学中的知识传授、能力培养与理想信念、价值理念、道德观念。

第二，坚持问题导向，把精准施策贯穿“三全育人”的全程。为了解决基层学院在思想政治工作领域中存在的发展不平衡、不充分问题，高校基层党组织要将视线聚焦在重点任务中，关注重点领域中的重点区域，关注重点群体之间存在的薄弱环节，帮助这些群体强化自身优势，补充自身短板，高校基层党组织还要根据学生不同特点进行分类，注重教学过程中的因材施教问题。

第三，坚持遵循规律，把改革创新作为“三全育人”的动力。为了将教学内容不断优化、工作方法不断革新、工作载体不断丰富，高校基层党组织要对思想政治工作的规律、教书育人的规律以及学生成长的规律充分掌握，在以学生为中心的工作原则指引下，按照学生的思想特点与发展需求不断深化“三全育人”工作。

第四，坚持协同联动，把责任落实铸成“三全育人”的保障。高校基层党组织必须坚持与加强对高校思想政治工作的领导，建立健全责任体系，明确党委统一领导、部门与系所分工负责、全员协同参与的重点任务，落实主体责任，不断夯实监督考核工作，对相关责任人的追责问责也要及时有效。

（四）高校基层党组织“三全育人”路径

1. 明确基层党组织职责

（1）坚持立德树人，把握思政工作的政治方向

高校基层党组织要时刻把握思想政治工作的正确航向，坚持将习近平新时代中国特色社会主义思想作为自己工作的指导思想，将中共中央与国务院联合印发

的《关于加强和改进新形势下高校思想政治工作的意见》文件精神抓紧落实在具体工作中。教育部下发的《高校思想政治工作质量提升工程实施纲要》文件中，要求高校基层党组织要承担起管党治党、办学治校的主体责任，全面领导高校不断发展，坚持深化教育改革与教师的队伍建设。高校基层党组织必须将高校的课堂教学作为对学生进行思想教育工作的主阵地，在此基础上不断挖掘育人要素、不断完善育人机制，将育人评价体系的优化放在重要位置，加强育人的保障功能，创新在课程、管理、实践、网络、文化、心理、自主、服务、科研与组织等方面的习题建构，逐渐形成“三全育人”的融洽氛围。

（2）聚焦问题短板，优化思政工作的方法载体

现阶段，高校基层党组织在高校思想政治工作中存在一些不全面、不深入、不到位的问题，高校基层党组织的地位也逐渐弱化、虚化、边缘化，因此，为提高高校思想政治工作的针对性与有效性，就要不断加强对高校思想政治教育工作的队伍建设与思想引领，将基层党建传统工作中的体制机制与方式方法根据时代要求进行不断调整。进入新时代，党对高校的教育工作也有了一些新的要求，因此，高校基层党组织要坚持对高校的领导，转变自身旧思维，实施教育新举措，开创实践新途径。在开展基层党建工作时，要始终以立德树人作为根本遵循，加强高校的管理规范，为教学科研管理工作做好保障。在实施思想政治工作时，为建立更加完善的“三全育人”思政工作体系，必须将师生员工的个性化成长需要放在显眼位置，将解决师生的合理诉求作为自己工作的重点。

2. 发挥党建组织育人

（1）开展党建“书记项目”，夯实育人的组织基础

高校基层党组织为了帮助高校培养出一批具有改革创新精神的社会主义建设者与接班人，为社会输送一批能够实现中华民族伟大复兴中国梦的时代新人，必须以问题为导向，以目标为引领，重点突破党组织在思想政治工作方面的难点问题，加强对薄弱环节的关注度，完善组织建设、思想建设、素质教育与制度建设，积极探索“三全育人”体系的创新构建路径，不断增强基层党组织的组织观念、服务功能、工作质量与能力水平。

（2）形成“大思政”格局，强化育人的组织力量

为了更好地建设与完善“三全育人”一体化工作体系，基层党组织必须紧密

结合自身与师生党支部以及工、青、学，要始终牢记育人工作的中心是师生的成长成才需要，扎实基层组织根基，发挥基层各领导班子、党委委员与党支部书记的带头作用，开展党建活动，以加强基层党组织与教师职工和学生的交流，这样才能够使全体师生更加了解党建与思想政治工作在高校教学工作中的重要性，使“三全育人”工作的成效更加明显，也能够为高校人才培养提供较为坚实的思想与组织保证。

3. 构建党建思政协同体系

为了构建出以教书育人、学生成长规律与思政工作为根本遵循的“三全育人”工作体系，高校基层党组织必须将自身党建教育与高校中的思政教育、育人育才工作相结合，与高校携手共建“四大党建融合”（校政、校企、校行、校校）的“大党建”工作平台，不断整合由课堂教学、群团活动、校外实践与网络空间构建的“四大课堂”，形成包括思政课程、课程思政、实践思政与网络思政在内的“大思政”基本工作格局，在建设“三全育人”工作队伍时，要注重“党建融合发展”，在凝聚“三全育人”工作力量时，要积极促进“思政多元协同”，尽早帮助高校建立健全“三全育人”工作体系。

（1）组织融合四支队伍，构建全员育人体系

高校基层党组织在具体工作中，必须要将党建工作与思政工作相结合，以党建引领思政工作，不断增强党组织的组织力、凝聚力与向心力，加强党组织对高校的教育引导与沟通融合工作，在高校中组织建立各级党组织、各类群团组织、各类科学教研组织与团队、校外的各种社会组织，将这些组织在育人育才方面的优势与功能作用充分释放出来。第一，各党支部在建设时要将理想信念教育作为自己工作的引领，要为各位党员争当育人先锋模范做好思想工作；在高校，工会、学生会、学生社团等团体在组织活动时，必须要将育人要素与教育内容融入活动中；为提高师生对团体活动参与的积极性，就必须将组织特色充分显现，除此之外，还要加强对高校学生的社会主义核心价值观教育，这就要求各类群团组织要发挥自己的育人优势；要将党的领导体现在教学院部与教辅单位、学科机构与研究院所、教学组织与科研团队中，高校在组织教学科研时，必须坚持党的教育方针，坚持立德树人的教育原则，承担育人育才的主体责任；为实现高校在育人育才过程中能够拥有社会组织发展这一重要支撑，高校基层党组织要注重大学生实

习单位、实践基地、教育基地与创业基地的建设，与各种社会组织密切联系，和谐共建。不断提高人才培养能力与教育水平是当前高校基层党组织的重点任务，高校基层党组织在大学生全面发展与成才方面发挥着一定的作用。高校基层党组织在实现“三全育人”工作的过程中，要坚持结合党建工作与思政工作，将教学与科研放在同等重要的位置，在育人工作中，要形成校内为主、校外为辅的意识，将高校中负责育人工作的辅导员与专业教师作为培养人才的主要力量，将社会组织作为补充，以形成更好的教育合力，必须不断将育人的体制机制加以创新，并将育人评价不断优化，建立多渠道、多形式与多领域的组织方式，开展多群体、多类别、多方向的育人工作。

（2）系统优化四年教育，构建全过程育人体系

高校基层党组织在更新、改进高校教育工作者的工作方法时，必须要以大学生四年的发展轨迹为依据，分析、了解在校大学生的真正需要，根据具有不同身心成长规律、环境使用程度与学业阶段需求的学生分别采取不同的教育方法与培养方式。大一新生在这个阶段实现了身份的转型，刚刚进入大学的他们还未适应大学的学习与生活，在这时，学校与教师就要帮助他们进行合适的职业生涯规划，在教育过程中培养新生的良好习惯，使他们能够在这一年的适应期明确自己大学四年的总体规划，树立正确的人生观、世界观与价值观，锻炼自身的自主学习能力、自我管理能力与人际交往能力等。大二的学生正处于成长期，在这个阶段的学生已经显现出来属于自己的个性特点与需求差异，教师应该在学业与专业上加强对学生的指导，在专业定向、科研培育与知识获得能力方面的锻炼也不容忽视。学生在大三年级身心迅速发展，他们具有更清晰的自我定位与发展需求，因此，对于大三学生来说，为他们创造协同化的学习氛围、差异化的发展环境与个性化的成长条件是非常重要的，因此，学校要注重对这部分学生进行专业延伸、科研孵化、社会实践等方面的训练。大四学生在身体与心理等方面的发育已经接近成熟，他们在这个阶段面临着分叉路，一是选择离开校园面临就业，二是继续读书深造自己，对于论文答辩与实习单位给予的考核评价，学生也会存在一些惶恐的心理，这代表着他们即将要面对他人对自己专业水平与实践能力的评价，为了使这部分大学生能够增强适应力，高校要注重对学生求职就业、社会适应与成果转化能力方面的提高。

（3）科学整合四大课堂，构建全方位育人体系

高校基层党组织在整合四大课堂时，必须要依据高校设置学科与专业类别方向的差异，以及师生支部中教师与学生不同的共性特质进行。在以思想政治课与其他课程为主的第一课堂，以各类群团活动为主体的第二课堂、以学生校外实习课外实践为主的第三课堂、以及以互联网＋新媒体为主体的第四课堂中融入课程、科研、实践、文化与组织等育人模块与精品活动，这样能够将大学生的思想品德修养带入正确轨道，不断提升大学生综合能力素质，将大学生培养成德智体美劳全面发展的社会主义接班人。在高校基层党组织的建设中，必须坚持党建与思政教育的结合，将“三全育人”的内容要素融入“四大课堂”的建设中。高校在建设第一课堂时，要分两步走。第一，是要将思政理论课的课本课程建设与教育教学改革放在突出位置，在课本、课堂、课程中融入习近平新时代中国特色社会主义思想，督促学生接受“两课”教育。第二，是要挖掘有利于人才培养的专业课程、通识课程与创新创业课程中的思想品德教育要素，将基层党建与思想政治教育完美地融入思想品德教育要素中，与思想品德教育要素相结合，将思政课程与课程思政在第一课堂中的育人作用完美发挥出来。高校在建设第二课堂时，需要时刻牢记将社会主义核心价值观教育、思想政治教育、党的知识教育融入党、团等组织开展的各类主题教育、文体科卫竞赛活动中，在高校中开创一系列的品牌活动项目，将校园文化在校内课外具备的育人作用发挥出来。高校在建设第三课堂时，坚持国家的号召，着眼于地方的实际需求，将学校的能力与学生的意愿充分考虑，以党建的工作要求、思政的工作特点与育人育才的规律等为原则，组织学生实施校外实习、社会实践、志愿服务、创业孵化与成果转化等活动。现如今，科技信息网络飞速发展，高校在建设第四课堂时就是依靠互联网与信息技术进行的，在这个时代，大数据无处不在，自媒体人也如雨后春笋般层出不穷。只要高校基层党组织摒弃落后的工作观念与僵化的教育方法，将名师在线课程、智慧校园建设与新媒体“微平台”常态化开展，这样有利于提升网络思政的运行效果，利用网络媒体发挥第四课堂的育人作用。

二、高校社团组织推进下的“三全育人”

（一）高校社团组织的功能定位

1. 自我调节功能

自我调节功能是指人类能够对自己的行为积极作出调整，这种调整是在他们参与社团活动时，被社团环境所感染、熏陶产生的一系列联动效应。高校积极鼓励学生参与社团活动有利于学生调控心理，让学生能够进行更好的自我管理与自我教育，健康的心理也有利于学生拓宽自身的人际关系，这对他们的成长有着一定的作用。心理调节、情绪控制与人际关系的处理是自我调节功能相对比较主要的三项内容。社团在高校中的作用就是当社团成员在生活、学习与工作中遇到困难或碰到挫折时，发挥自身优势，以轻松自如的方式调节社团成员在情绪上产生的波动与心理上形成的问题，这样就能够使社团成员在社团活动中敞开心扉，进一步提升自己的人际交往水平与能力，疏散自身负面情绪，将一种积极向上、乐观自信的新型人际关系逐步建立起来。

2. 示范导向功能

社团在高校中对学生进行主流文化的引导，这就是社团在高校中发挥的示范导向功能，这项功能要求社团必须正确引领学生的思想，为学生坚定自身的社会主义理想信念作出一定的努力，重视培育大学生的爱国主义情怀，使他们在高校中建立起正确、科学的世界观、人生观与价值观。目前，改革开放不断深入，市场经济欣欣向荣，大学生在市场上的竞争力日益激烈，在他们即将走出校园、进入社会的关键时刻，学业与生活的压力也不断向他们涌来，一些享乐主义等不正确的价值观也在部分大学生群体中传播，这对他们人生观与价值观的形成有着一定的阻碍作用。在这种情况下，高校社团必须充分发挥自身的示范导向功能，为大学生开展自我教育、自我管理与自我服务创造良好的环境，使自身既能够为学生展现个人素质与自身魅力提供条件，也能够为学生了解、关心社会与国家的发展提供渠道。

3. 素质拓展功能

素质拓展是高校社团非常重要的一项功能，高校中有非常丰富的社团活动，社团活动这种课外形式能够很好地弥补学校对学生进行理论课程教育的不足与欠缺之处，除此之外，还能够对学校的理论课程进行实践延伸，这些课外活动也依据学生的个性特点与能力高低做了相应的变化，这样做的目的是尽量使高校中的每一个学生都能够找到适合自己的社团活动。社团成员在遇到自己感兴趣的社团活动时，就能够提高自身参与实践的积极性，有利于提升其组织协调能力，挖掘自身潜能，积极追踪专业领域中的发展前沿，对塑造大学生的独特个性、加快大学生社会化进程都有着一定的影响。社团中的干部与负责人也可以从社团这种自主管理模式中汲取发展的动力，实现社团对大学生的思想政治教育功能，将校园文化推向健康有序的发展轨道。通过观察我们可以发现，社团内成员自主学习能力与实践动手能力的提高都离不开社团活动内容的日益丰富，这些社团活动在大学生群体中颇受欢迎。

4. 凝聚激励功能

社团通过在高校中举办活动，能够实现社团组织在高校中的凝聚激励功能，这项功能是依靠所有社团成员与其他积极参与的同学共同实现的。由于在社团活动中需要团结协作，因此，原本素不相识的同学就变得团结，向心力与凝聚力就是在这个时刻形成的。由此可见，社团活动不仅能够使成员们变得积极向上，形成乐观主义精神，而且能够使他们具备较强的竞争意识与团结协作能力。

在高校的每一个社团中，理念与主流价值都是支撑这个社团生生不息的精神力量，大学生因为自身拥有的共同兴趣聚集在社团中，由于拥有共同的兴趣爱好，共同语言自然也就变多了，成员间的交流就会在无意中拉近彼此的距离。社团活动还能够为学生增强集体荣誉感提供机会。

5. 规范同化功能

社团成员在集体活动中的言行举止会或多或少地影响他人，这就是社团组织的又一项功能——规范同化功能，这项功能能够使社团成员在进行社团活动时形成一种规范化的认同感。大学生在对待自己举办或参与的社团活动时，通常报以百分百的热情，这种热情也会感染其他干事，或是出于从众心理，又或是出于竞争心态，他们会对社团活动的组织筹划也开始变得积极主动起来，他们在对社团活动的筹办与管理方面受到指导教师工作作风与管理理念的影响相对比较大，我们可以这样分析，社团成员的行为与思维方式都在向社团指导教师与社团负责人的管理风格与沟通方式靠拢。在高校中存在着各种大学社团，他们在学校举办的各种活动如体育赛事、演讲比赛、文艺展演等，都能够使大学生在娱乐之余培养自己的审美能力。

6. 开拓创新功能

在目前的各大高校中，“思想政治教育进社团”政策正如火如荼地展开，开拓创新功能正是指这个政策为大学生的思想政治教育提供了又一渠道，也说明高校正在改革传统的思想政治教育体制，这有利于不断增强教育功能的实效性。现阶段高校的教学改革实行学分制，在思想政治理论课的授课形式上，要求调整以往以班级授课的形式，将社团作为高校的第二课堂，使得大学生能够在社团中接受思想政治教育，有利于丰富思想政治的授课形式。社团成员积极参与社团活动，有利于弥补思想政治理论课在课堂中的不足，也有利于高校对学生的思想动态进行及时掌握，这样才能进一步提高高校思想政治教育工作的实效性。

（二）高校社团组织育人工作困境

1. 体制机制保障不足

大学生在近年的发展需求呈现出个性化、多元化趋势，因此，高校社团蓬勃发展的同时也为社团组织的育人工作带来了一系列的问题，首当其冲的就是管理制度的缺位问题。从高校的角度来说，对于学生社团的监管力度不大，许多高校社团在学校中都是可有可无的，高校对学生社团相对比较缺乏应有的重视，使得学生社团在高校“三全育人”的工作中无法发挥出应有的作用，高校对于社团管理方面的规章制度也有待完善。从学生社团的角度来说，学生社团缺乏明确的建设目标与发展任务，制度建设不完备，形式主义盛行导致学生社团在高校中对学生的吸引力下降，制度保障不到位在一定程度上阻碍了学生能力素质的发展，在育人功能上也很难发挥出应有的作用。

2. 育人资源匮乏

大学生进入大学，以相同的兴趣结识朋友，共同组成学生社团，这种社团在活动内容方面与学生的兴趣密切相关，这是学生积极性高、参与人数多的最根本原因。但是，社团中相对比较匮乏的育人资源却无法满足学生的需求，这主要有两方面原因。一是高校中的社团并不具备雄厚的经济基础，活动经费较为紧张，因此，高校对于社团活动的基础设施建设并不上心，这就导致社团的活动场地不大、器材设备相对比较老旧，有些高校社团甚至难以为继。二是在社团中本应该配备的专业指导教师在社团活动中并未发挥较大作用，其自身并不重视社团工作，相对比较缺乏对社团活动的认知与指导经验。

3. 育人文化缺位

目前，高校中已经拥有了数量不少的学生社团，并且形式也非常多样，其中有许多具备深刻思想内涵与新颖活动形式的优秀社团，但也有些高校只注重社团建设的数量，并不重视社团的内在发展，使学生社团严重缺乏思想性、学术性与趣味性，社团的文化内涵与育人特色也就被弱化了。这些问题的出现在一定程度上打击了社团成员积极性，也不益于社团健康蓬勃发展，进一步说，学生社团组织育人的实效性也会受到影响。

（三）高校社团组织“三全育人”的重要性

1. 高校社团组织是“三全育人”重要阵地

高校为督促学生积极进行社会实践活动，对学生加入社团非常支持。学生在社团中结识的朋友来自各个学院、各个学科、各个班级，学生在社团组织中实现了人员的交叉与融合，这些组织中的学生专业面非常广，年龄跨度也较大。在目前的高校社团中，主要有思想政治、体育竞技、学术科技、自律互助、文化艺术、志愿服务、企业冠名与国际交流交往七种。例如，体育竞技类的社团中包括羽毛球、网球、乒乓球、游泳、篮球等体育项目，学术科技类社团以各学科专业为主要内容；而文化艺术类的社团则囊括音乐、舞蹈、话剧、器乐、声乐、影视等艺术项目。

2. 社团活动实现育人过程的内驱化

丰富多彩的社团活动能够帮助学生更好地与他人交流思想、切磋技艺，还能够进一步增强学生的自治能力，通过丰富自己的课余生活，也能够结交许多志同道合的好友。学生在不同的阶段会在社团中承担不同的角色，在身份的转变中实现与社团的共同成长。学生在社团中通过对自身兴趣爱好的巩固实现自我发现、自我提高与自我完善，不断提高个人的综合能力。学生在社团中的工作是其参与社会实践的有力证明，他们在社团工作中的经历能够为之后的工作提供非常有力的帮助。社员的自我发展、自我提高与自我成才在一定程度上离不开社团活动的支持。

3. 社团活动实现育人方位的导向化

高校是学生思想政治教育工作的主阵地，因此，除了高校要在工作的各个环节中都渗透对学生的思想政治教育，高校共青团也要起到带头作用，为青年学生的思想引领作出表率。社团组织的思想意识工作是社团管理的重点，由于学生社团具备思想政治教育功能，因此，在社团工作中融入思想政治教育是非常顺理成章，也是非常必要的。高校要协调好第一课堂与第二课堂的育人工作，第二课堂的形式与总体目标必须要贴合第一课堂的育人需求，将完整的教育模式尽快建立起来，让学生在课堂中学习，在课堂后实践。以教书育人、管理育人与服务育人打造育人合力，共同向着全方位育人的目标努力。

（四）高校社团组织“三全育人”的路径

1. 全员引领价值导向

正确的政治方向与舆论导向是高校社团建设必须遵守的红线。我们可以从以下三方面分析。第一，高校社团的思想政治工作是高校思想政治工作中不可或缺的部分，高校党委在习近平新时代中国特色社会主义思想的指导下，不断加强高校社团的思想政治工作，完善高校社团建设，才能进一步树立“社团思政”理念，激发社团育人的作用。第二，高校党组织必须不断解放思想，社团思想政治教育工作必须要以高校全体教职工的主导为标准，不断建立健全全员育人工作体系。在社团组织的建设过程中，要加强正确的思想理论指导与实际行动相结合，对社团活动进行合理的组织、管理与监督。第三，全员育人要求学生具备强烈的意愿，主动接受思想政治教育。社团通过组织学生进行思想政治理论的学习与实践，结合社会主义核心价值观教育与社团建设，不断激发学生自我教育与自我进步的意识，为培养学生的政治敏锐性与判断力。

2. 全过程优化社团管理制度

第一，完善社团基本管理制度。社团在建立管理制度时必须考虑社团从申请、成立，再到活动组织、工作考核与评奖评优，将科学管理落实在社团建设的方方面面。高校要能够针对本校内不同类型的社团建立符合每个社团发展实际的管理制度，规范社团管理，使社团发展具备明确的方向与目标，使社团成员明确自己在社团组织中的定位，遵守社团组织的各项管理制度。第二，建立社团考核评估机制、完善表彰激励机制。要想使高校内的社团组织不断可持续发展，就必须在高校社团组织中建立有效的激励机制。为实现对社团活动的系统化管理，社团就必须找到自身发展的关键点，并据此建立一系列的考核办法。在社团组织中建立中期与年度的动态化考核，有利于跟踪、督导社团的健康可持续发展。为调动社团组织成员的积极主动性、不断推进社团良性发展，高校就要对优秀社团进行奖励，对“空壳”社团加以整改或彻底取缔，将社团成员在社团组织内的优异表现录入第二课堂成绩单，对社团内的优秀指导教师也要给予适当的奖励。第三，健全高校社团建设保障机制。在社团的基础设施建设方面，高校要极力支持社团在场地使用、活动组织与开发经营方面的安排，在社团的组织经费方面，除了学校拨款外，还可以寻求社会中的企业给予帮助，高校还要重视培养自己的精品社团与明星社团，对这类社团加大投入力度，使它们能够发挥带头作用，带动高校内社团共同发展。在社团的师资配置方面，应该持续发挥指导教师的督查作用，不断加强指导教师的队伍建设，使社团内的指导教师都具备较强的专业素养，这样才能使社团的发展方向更明确，育人工作也更加规范。

3. 全方位打造社团育人生态

打造社团育人生态就是加强社团建设要达成的最终目标，在高校内形成社团育人生态就是高校必须重视“以文育人”。为将社团组织的育人潜能充分发挥出来，高校社团必须与课堂教学共同努力，通过将课堂教学的显性灌输与社团组织的隐性教育相结合，在高校中形成全方位的育人格局。第一，深挖育人元素，完善社团自身育人功能。由于高校社团的育人元素非常丰富，因此，高校必须在不违背教育规律的条件下将社团组织中的育人元素充分发掘并利用。高校应该将不同类型的社团以“社团 +”模式不断创新活动形式，在社团活动中融入专业技能培训、思想政治教育与个人素质培训等内容，重视大学生在德、智、体、美、劳等方面的全面发展，使大学生在社团中提升自身能力，拓宽自身眼界，增强自身责任感。第二，培养积极社团文化氛围，增强社员认同感。社团要做好带头工作，引导学生树立正确的政治观与价值观。社团活动必须要将弘扬爱国主旋律、凝聚正能量作为发展主线，将社团活动的内容朝着严谨、专业的方向延伸，高校要明确学生社团的性质，使其具有政治性、先进性与科学性，这样才能保证社团良性发展。除此之外，高校社团还要在形成积极向上的内部氛围上下功夫，使社团组织的育人功能具有最大的实效性，社团成员也必须培养自身能力，抓紧形成吃苦耐劳、勇于竞争的美好品质与团结协作的团队精神，逐渐以个体带动社团发展，为形成良好的社团文化氛围不懈努力。第三，加强社团内外协同育人，拓展社团育人外沿。高校社团是高校育人工作的重要阵地，要想将高校“三全育人”工作不断深化，高校社团建设已经刻不容缓。为了建设一个覆盖面广的育人系统，高校必须要加强学校内各学院与各部门的联系，将社团活动与课堂教学充分结合，实现资源共享，共同将高校的育人功能发挥到极致，创建美好校园，营造良好气氛。高校还需要与时俱进，随着互联网技术的发展，高校社团在发挥育人功能时可以将融媒体技术与社团活动相结合，在社交平台上利用线上网络加强对高校社团活动的宣传工作。除此之外，校内外的合作对于社团来说也具有非常重要的意义，为使社团建设朝着科学化水平发展，高校必须不断吸收社会的最新理论与先进成果，为社团又好又快地发展提供强有力的保证。

第二节　高校“三全育人”创新路径之实践育人

一、高校实践育人机制概述

（一）高校实践育人机制的基本内涵

实现人才培养目标与立德树人是高校育人工作的根本任务，为实现这一根本任务，高校必须建立起一套长期、稳定且有效的育人运行方式，这个运行方式要求高校在实践育人各要素之间合理协调，使育人要素相互关联并相互影响。我们从高校实践育人机制的概念出发，可以分析出以下三方面含义。

第一，高校实践育人机制是高校实践育人理念的反映。高校实践育人机制中蕴含着对实践教育规律的认识，也能够帮助高校师生理解实践育人中各要素的功能作用。高校实践育人的各个方面、各个要素的整体功能与规律都是高校实践育人机制的研究对象，这其中涵盖高校实践育人的工作原理与原则、实践育人工作各环节中的相互关系与相互作用以及其他关联因素之间的相互关系与作用。

第二，高校实践育人机制是一种特殊的运行方式。这种运行方式是由高校实践育人各要素之间的构成方式、机理与功能状态决定的。高校实践育人为了实现育人目的，必须要形成全员全方位的育人过程，还需要高校不断优化整合自身育人资源，形成育人合力。实践育人的特殊性决定了实践育人机制在构建过程中也会出现相应的特殊性，这种育人机制具有稳定、发展的特征，其会根据自身的育人效果与外界的形势变化进行相应的调整。因此，为了使高校实践育人工作具备实效性，最大程度发挥机制功能，在构建实践育人机制时必须要充分考虑相应的基本原则。

第三，高校实践育人机制以育人作为工作的中心与根本目的。建立高校实践育人机制，是为了保障高校实践育人工作的健康有序开展，为了进一步提升高校的人才培养质量，从而实现立德树人的根本任务。以动力机制作为实践育人机制的根本与核心，以运行机制作为实践育人机制的主体与保障，以评价机制作为实践育人机制的促进与完善系统，这就是高校实践育人机制总体的功能结构。

动力机制、运行机制与评价机制在发挥作用时，必须充分考虑怎样才能更好地激发实践主体的积极性、主动性与创造性，这样才能够进一步整合资源，实现各系统的有序运转，最终实现实践育人的目标。为了积极落实高校实践育人工作，有关部门必须积极研究高校实践育人机制的相关运行原理，将动力、运行与评价三大机制科学、合理地建立健全，这也为贯彻落实全国高校思想政治工作会议精神提供了非常完备的条件。

（二）高校实践育人机制的特点

高校实践育人机制与其他社会生活中的机制不仅存在共性，其自身也有许多能够区别于其他机制的独立特征，如人本性、系统性、发展性、开放性与多维性等。

1. 人本性

人是高校实践育人机制的主体，高校实践育人机制之所以存在以及为什么存在，也与物质世界中的人脱不开关系，高校实践育人机制的存在是为了能够使学生成长成才、全面发展，为了能够向社会输送一批又一批的高质量人才，为了能够完成民族复兴、国家富强的历史重任。因此，高校实践育人机制的构建与运行必须将以人为本作为根本遵循，建立起柔性的、具有人本特点的运行机制。

2. 系统性

高校实践育人机制内包含许多子系统，如动力机制、运行机制、保障机制、组织机制、评价机制和反馈机制，在这个系统中，高校、政府、社会组织、企事业单位和家庭等都是组织者。人才培养是这一机制建立的初衷，实践主体与组织主体都要为实现这个目标不懈努力。

3. 发展性

高校实践育人机制会随着外部环境与实践主体不断变化，由于社会对于人才培养的质量要求也是在不断发展的，因此，高校实践育人机制也会根据其要求不断进行调整，从初步建立到不断完善，机制在运行过程中越来越规范、越来越稳定、越来越向着程序化与机械化发展，也会妥善解决在这个过程中产生的一系列矛盾与冲突，并不断开拓创新，使机制运行更具灵活性。因此，为了促进高校育人工作的协调可持续发展，高校实践育人机制必须具备动态性特征。

（三）高校实践育人机制的功能

建立高校实践育人机制的目的是协调实践要素之间的关系，为全员、全程、全方位的育人工作体系建构提供坚实基础。建立高校实践育人机制能够培养学生的社会责任感、创新意识与实践能力。引导、保障、调控是高校实践育人机制的三大功能。

1. 引导功能

引导功能是高校实践育人机制中最核心的功能，取决于机制本身的作用。高校实践育人机制的引导作用主要体现为对学生思想价值上的引导、对人才培养目标的引导和对实践主题教育主动性的引导。对学生思想价值上的引导是指为实现最终的育人目标，高校实践育人机制必须要持续优化内部结构，结构优化可以通过积极协调实践育人要素来实现。高校实践育人的最根本任务是立德树人，最终目标是保证青年学生能够实现全面、健康的发展，从而不断为国家与社会输送社会主义建设者与接班人。青年学生只有具备“德”，才能够实现全面发展，这就要求青年学生要具备正确的理想信念、思想认识与价值观念，同时还要树立正确的世界观、人生观与价值观。党委在高校实践育人机制中位于领导核心，因此，高校党委必须发挥自身优势，统领高校实践育人工作的健康发展，在对待青年学生思想政治工作时，要增强引领作用，在实践育人的各个环节都要体现党和国家的期望与要求。对人才培养目标的引导是指高校实践育人工作的有序开展是高校实践育人机制形成的最基本要求，人才培养目标的实现离不开实践育人机制中运行机制的引导，在深化体制机制改革过程中，高校必须在育人理念、顶层设计、组织领导、教学安排、政策制度与条件保障方面作出相应的改变，这样才能切实提高人才培养质量与思想政治工作水平。对实践主题教育主动性的引导是指必须对高校实践育人的主体——青年学生进行引导。目前，青年学生参与社会实践的热情有待提高，因此，高校必须通过建立动力机制激发学生的内在动力，使其积极主动地参与社会实践。此外，在学生进行实践的过程中，政策激励机制也能够发挥较强作用，通过增强学生在实践活动中获得的认知与感悟，尽可能地持续学生的实践体验感、政治认同感、能力获得感与发展成就感。

2. 保障功能

在高校实践育人机制中，保障功能包含政策保障、条件保障、经费保障、人员保障与平台保障五个方面，是实践育人机制的基本功能。政策保障在保障功能中主要是按照政策依据整合实践育人的相关要素，政策保障能够最大程度激发师生参与实践的积极与热情，有利于高校、家庭与社会实现教育共赢，真正落实实践育人共同体建设。其余四个保障在人、财、物方面为高校实践育人机制的建设提供了强有力的支持。当前，为提高青年学生参与实践的积极性，各高校对校内的教学与科研平台等资源进行了充分利用，同时，广大教师积极联系校外企事业单位为学生提供实践教育的指导与引领，这在很大程度上提高了学生的政治素养、思想认识与能力水平，也使新的实践成果不断涌现，有效推动了经济社会的发展。

二、高校实践育人现状分析

现阶段，高校实践育人工作已经取得了初步成效，高校中关于实践育人工作的政策体系不断完善，多种多样的实践活动也为高校项目开展、基地培育与制度建设提供经验，但我们要认识到实践育人在统筹规划、组织实施与实际成效等方面仍在一定程度上未能满足新时代实践育人的功能要求。

（一）高校实践育人体系建设现状

高校在教育行政部门的不断督促下，积极提高自身思想认识，将实践育人放在人才培养的重要位置，但在实践育人工作中，高校仍旧在整体规划与顶层设计方面存在一定问题。一方面，高校未能从育人全过程对实践育人工作进行统筹与安排，对不同年级特点与不同群体特点的育人安排相对缺乏针对性，无法协调统一实践育人与其他育人方式，使实践育人缺乏实效性。另一方面，实践育人各组织部门之间的协调作业也不充分，由于实际负责实践育人工作的部门较多，不同部门之间并没有形成及时的沟通交流，使各部门无法形成较为出色的工作合力。

（二）思想政治理论课开展现状

高校思想政治教育的开展主要是依靠思想政治理论课程进行的，这是一门理论性较强、实践性较差的课程。我们从现实高校中对思想政治理论课的安排中可以看出，理论知识的教学与传授是当前各大高校较为重视的，这就导致高校对实践教学缺乏认识深度与教学方法。教育部《新时代高校思想政治理论课教学工作基本要求》指出，高校本科思政课必须要进行实践教学，并为其划出两个学分。这样看来，实践教学的学分在思政课总学分中只占据了相对较少的一部分，学生在实际的执行过程中并未彻底贯彻落实。有些高校在教学计划中并没有为思政课实践教学预留位置，由此可见，实践教学在高校的教学计划中并不是一项长期的教学任务；有些高校将实践教学作为理论课程的补充，并未形成系统化的实践课程；有些高校在进行实践教学时存在较大的随意性，甚至这些高校将实践教学工作作为争取资源的形式化工作，从而忽略了育人工作的真正诉求。

（三）社会实践活动开展现状

近几年，大学生参与社会实践的机会越来越多，覆盖面也越来越广，活动形式更加丰富，这与中央和地方的全力支持、高校的积极组织是密不可分的。但活动成效并不显著，实践育人的实效性也无法充分被呈现。根据联合国教科文组织研究，社会实践活动应当达到学生“四个学会”的效果，即学会认知、学会做事、学会共处、学会共存。[①] 但是大学生在社会实践中的实际效果却并没有达到预期。我们应该深入挖掘这其中的问题，问题主要体现在两方面。一方面，在理论指导方面，学生的社会实践与理论教育严重脱节，学生社团、暑期实践与社会考察等实践活动并没有获得应有的重视，学生在实践活动中遇到了问题也不会主动运用已经吸收的理论知识。另一方面，在组织开展方面，往往是注重实践形式而忽视活动内容、注重包装宣传而忽视活动质量、注重汇报成绩而忽视活动反思等，这

① 联合国教科文组织．教育：财富蕴藏其中 [M]. 北京：教育科学出版社，2014.

样会将社会实践形式化，忽略了实践育人的实效性。

三、高校“三全育人”与实践育人建设

（一）高校“三全育人”实践育人建设的重要性

党中央与社会各界高度重视教育的发展，这是由于教育不仅能够促进社会发展，而且能够在一定程度上增强综合国力。目前，国家为不断加强实践育人与理论教学的结合提供了政策保障。我们都知道实践是检验真理的唯一标准，同时，实践对于知识的内化也有着非常重要的作用。实践育人这项教学活动要求主体与客体必须协调发展，为了使学生能够在潜移默化的教学过程中树立起良好的思想道德观念与健全人格，实践育人体系在建立之初就必须明确要以学生作为教学过程中的主体地位，调动学生的主观能动性，提升学生参与社会实践的热情。因此，我们可以看出，学生的健康可持续发展依赖实践育人工作的顺利进行，这项工作能够使学生的综合素质与实践能力不断提升。但我们需要明白，实践活动不应该局限于课下的活动，课上的实践也非常重要。学生在参与社会实践的过程中，能够实现知识与实践的良性循环，实践育人模式与传统教学模式相比，在提高教学质量的同时也将高校立德树人的育人宗旨体现得淋漓尽致。

（二）高校“三全育人”与实践育人建设的关联性

高校实践教育与“三全育人”工作相辅相成，二者相互促进、共同发展，在“三全育人”工作中，必须要时时体现实践教育，实践教育也必须依靠“三全育人”发展道路的指引。具体而言，高校实践教育与“三全育人”的关系可以从三方面剖析。

首先，学生、教师、辅导员与高校中的管理人员都是全员育人的要素，其中，教学主体是教师与学生，他们在实践活动中必须紧密配合、随时交流。辅导员的作用是引领学生积极参与校园活动与社会实践。管理人员作为后勤保障部门中不可或缺的一分子，其主要工作就是为学生答疑解惑、提供基础服务。另外，学生之间相互交流实践活动的内容与学习经验也能够丰富高校的实践教育。为了促进学生全面发展，为社会培养高质量人才，必须将全员育人的要求贯彻落实在每一个细节中。

其次，学生在大学生活、学习期间，高校为培养多方面的人才组织了形式多样的活动，如志愿活动、创业活动、服务活动等，这些活动不仅可以丰富学生的实践经验、增强学生的实践能力，而且可以很大程度上贴合全程育人的目标，完成立德树人的根本任务。

最后，随着社会不断发展，高校实践育人工作的教学方式与方法也发生了一定的变化。在现如今的教学方法中，以学生为主体的理念体现得淋漓尽致，这也有利于全方位育人宗旨在育人理念中的呈现。

四、高校“三全育人”实践育人开展路径

（一）加强育人思想引领

为了能够使指引活动走上正确的轨道，就必须在高校实践育人机制中树立科学的理论指导思想，科学理论的形成依靠高校实践活动的深入推进，而高校在进行实践活动时也必须以科学理论作指导。首先，要坚持以学生为中心的理念。新时期背景下，为了不断增强实践活动的育人效果，高校必须时刻关注学生的需求特点与思想特点，据此选择实践基地、开展实践活动。其次，要注重个别差异。由于高校中的学生在年龄、性格与专业方面各不相同，因此，高校在开展实践活动时必须尊重学生的个体差异，对不同年级、不同专业、不同性格的学生开展分层次的实践活动。例如，对于刚进入大学校园的大一新生来讲，他们对校园文化与校规校纪都非常陌生，因此，高校可以针对他们开展丰富的团体活动，使他们尽快融入校园生活。还可以开展以了解校史与校园文化为目的的活动，这样能够使学生对学校的治校理念有一定程度的理解。最后，对于即将走入社会的大四学生，学校在开展实践活动时就要多以创业与就业活动为主。与此同时，为了激发学生积极参与实践活动，高校可以通过建立社会实践考核制度对学生的实践活动进行评估奖励，再进一步，学校也可以将学生的实践学分纳入学生的总学分，并以此为依据下发奖学金评比与学生干部评比的资格。

（二）强化理论与实践深度融合

在高校的教育活动中，理论育人是一种要求全体师生共同参与的主要方式。高校师生必须坚持自由、平等、公正、诚信、友善的社会主义核心价值观所要求

的价值取向，对社会主义核心价值观进行传播，身体力行地信仰、践行社会主义核心价值观。当前，各大高校争相在思想政治教育工作中开展实践与理论相结合的课程，加快“三全育人”目标的实现。现如今，社会思潮对高校学生的影响日益密切，使他们形成多元化的思想道德观念，这已经成为高校思想政治教育中的一项严峻挑战。因此，全体教师必须在向学生传递理论知识的同时组织学生积极进行实践活动。例如，为使学生能够更加深刻地领悟革命精神、培养爱国情操，教师可以带领学生进入红色革命纪念馆参观学习，在培养学生高尚情操的同时也能够帮助其内化自身知识、提高自身综合素养与能力，促进学生在学习过程中将实践与理论相结合。

第三节　高校“三全育人”创新路径之文化育人

一、文化育人内涵与形式

（一）文化育人的理论内涵

在物质世界中，文化是由人创造的，而人也无时无刻不在被文化塑造、熏陶着。文化是不同时期、不同民族、不同地域的不同阶级与阶层的人们共同拥有的一种精神力量，这种力量已经在他们的生命中留下了非常深刻的文化印记。悠久的社会文化促使同一地域的人们形成他们独特的价值观念、道德传统、风俗习惯、生活方式与行为规范，这些都是文化的表现形式，人们的精神世界也是因为这些文化的存在而不断丰富。文化具有渗透性强、持续、稳定等特点，可以对人产生潜移默化的影响，人们世界观、人生观与价值观就是由他们长期生活与学习的过程中收获的许多文化因素相互作用形成的，同时，也是人们所形成文化素养的核心与标志。

从宏观角度来看，人们的生产劳动与生活实践是人们接受文化影响的根本原因。人们在自己的社会实践中将自身的主观能动性发挥到极致，创造、生产出了一系列的物质产品与精神产品，这些物质产品与精神产品不仅能够满足人类的自身生存与繁衍，而且在人们不间断的实践中，它们也作为人类独有的文化存在于物质世界中。文化不仅是一种生活方式，而且是贴近人们生产生活实际的、触手可及的事物，如人们在长期的生产生活实践中形成的饮食文化、茶文化与服饰文化等。人们在形成自身思想与行为的过程中，被熟悉的文化氛围与生存方式不断影响，最终形成特定文化视角下的育人方式。正如有学者指出，“中国作为具有悠久民族融合历史的国度，在乡土中国的文化传统下，人们在共享初级文化传统的同时，对次级文化规则、伦理、秩序有着更为深刻的一致性”[①]。

从中观角度来看，文化产品就是中观文化的产物，物质文化产品与精神文化产品都是人们在生产生活实践中创造出来的，并且人们对于他们自己创造出来的文化产品喜闻乐见、了然于胸，这些文化产品作为教育的重要载体，蕴含着非常丰富的育人内容。例如，校史文化就是一种高校师生共同创造出的文化产品，这种文化产品中存在非常丰富的思想政治教育资源。各大高校中的校史展览馆将学校的发展历程、办学理念、育人导向与价值追求都妥善收藏，成为高校育人工作的重要资源，为了帮助大学生更好地利用这些资源，发挥高校育人的重要功能，高校有关部门必须要积极将静态的档案史料转化为动态的育人资源。

从微观角度来看，文化的最深层次就是文化中所蕴含的社会主义核心价值观，不可否认，社会主义核心价值观可以在很大程度上对人产生影响。人们要树立文化自觉、坚定文化自信，就必须要坚持社会主义核心价值观的自信。在文化育人过程中，优秀文化与社会主义核心价值观一定是紧密贴合在一起的，文化与社会主义核心价值观是相互作用的。现阶段存在的乡规民约与家训家规等价值观会对人产生一定的约束力，中国特色社会主义文化不断发展，在中国的优秀传统文化、社会主义先进文化与革命文化中，我们随处可见正确价值观的影子，这些价值观已经深深刻进中国人民的脑海中。在一些如《我的祖国》《春天的故事》《走进新时代》等优秀的文艺作品中，社会主义核心价值观也始终发挥着影响。由此我们可以看出，文化育人，其根本就是要使人们接受社会主义核心价值观为自己的思想与行为带来的种种积极影响。

（二）文化育人的基本形式

文化是人们不可或缺的精神力量，在人们对世界进行认识与改造的过程中，

① 刘谦．渐入城市：首都随迁子女社会融合的教育人类学研究 [M]. 北京：光明日报出版社，2016.

这种精神力量又可以转化为物质力量，能够在很大程度上推动社会的发展。文化具备激励人、感染人、影响人、创造人的功能，它能够从精神、物质、制度、行为与环境等方面对人们产生影响。

1. 大文化环境

在社会这种大文化环境之下，人们都或多或少地会受到周围环境的影响，这种影响实质上是环境在发挥群体文化自在的群体规范效应，目的是使受教育者能够在自己熟悉的生活方式中接受教育。2016 年，全国高校思想政治工作会议在北京召开，习近平总书记在会议上发表了重要讲话，并且为大家讲述了盐的故事。大家都明白盐对我们的身体非常重要，但是盐却不能够单独出现，只有与蔬菜结合在一起，才能够形成一道美味的菜肴。习近平总书记以盐的故事生动形象地为我们阐述了思想政治教育工作，强调必须要为学生进行潜移默化式的思想政治教育，这也是新时代思想政治质量提升的途径。文化育人是指高校需要为大学生举办喜闻乐见的文化活动，使他们在充满文化氛围的环境中，吸收优秀文化，接受文化教育。例如，乡规民约、民族文化与校园文化都是出现在特定场所的文化，这些文化对特定人群的影响是自发的、潜移默化的，但这种文化形成的影响对这些人来说却是不可磨灭的。最近几年，我国对传统节日越来越重视，从某个角度来说，这有利于传承我国优秀的传统文化，也能够最大程度上发挥文化潜移默化的教化功能。

2. 特定文化产品

在特定的文化环境中，人们就会受到这些文化的影响，其中，文化产品作为文化育人的载体，对人产生的影响是非常重大的。教育者与受教育者之间的距离远近取决于他们的生存方式与生存环境，只有教育者与受教育者的生存方式与生存环境具有一致性，受教育者才能够更好地理解文化育人的内容，更好地实现教育活动的实效性。文化产品的本质属性是物质，其内涵中包含一定的观念与制度，每一项文化产品都有其特定的文化价值与意义，这种价值符合人们的精神追求。我国优秀的文化传统与文化基因能够体现出中华民族最深层的精神需求，其也是中华民族独特的精神标识。文化育人就是要使育人的各种文化载体如物质文化载体、精神文化载体、制度文化载体与活动文化载体不断丰富，这样才能更好地使用中华民族创造的精神财富完成文化育人工作，并将育人载体自身具备的育人效用充分发挥出来。精神文化产品具有时代性，因此，一个时期的文化产品就能够在很大程度上体现出人们的时代精神。在发挥文化育人的功能时，思想政治教育必须重视思想政治工作的传播规律与机制设计，使高校思想政治工作满足时代需求。除此之外，为更好地实现文化产品的育人作用，高校需要不断创新文化产品的开发创意，在文化产品中融入积极的价值导向。

3. 社会主义核心价值观

文化育人本质上就是要发挥文化现象中社会主义核心价值观的积极作用，实现以文化人、以文育人。社会主义核心价值观是文化建设的重中之重，社会主义核心价值观是需要通过教育引导、舆论宣传、文化熏陶、实践养成与制度保障在社会生活中发挥作用的，一方面，社会主义核心价值观必须要与大文化环境具有一致性；另一方面，只有牢牢把握在文化现象中体现出的社会主义核心价值观内容，将社会主义核心价值观融入文化产品中，才能更好地弘扬社会主义核心价值观。除此之外，高校要对价值观存在一定的认识，只有使学生积极参与社会与文化发展实践，才能更好地统一协调文化发展与价值观深化之间的关系，我们还要从文化发展过程中不断提炼总结，以便不断丰富社会主义核心价值观内涵。总之，为了使受教育者能够更加深刻地理解与践行社会主义核心价值观，高校就必须将受教育者的成长发展需求同社会主义核心价值观相联系，使文化现象呈现出应有的感染力与号召力。

二、高校文化育人建设分析

（一）高校文化育人建设的必要性

1. 办好中国特色社会主义大学的基本要求

众所周知，党和国家对我国大学发展方向的主要定位就是中国特色社会主义大学。文化育人不仅是高校培养社会主义建设者的重要途径，还是社会主义接班人的关键途径。推动和促进中国特色社会主义的文化繁荣，以及对高校意识形态工作领导权充分的认识、了解和掌握，从某种程度而言是文化育人的主要目的。无论是中国特色社会主义理论体系，还是党的最新理论成果，均需要借助高校这一平台不断对教师和学生进行思想引领以及价值塑造。高校除了是传播中国特色社会主义文化的主要战场之外，还是文化传承与创新的主要阵地，因此，应该灵活利用文化育人的各方面优势，积极引导我国众多优秀的青年学子崇尚和传承我国优秀传统、革命、社会主义先进文化，以及始终坚定中国特色社会主义理论，通过各种方式努力培养德智体美劳全方位发展的优秀社会主义建设者与社会主义接班人，以便于更好地为伟大复兴提供正确、清晰的价值引领，极为坚实的重要智力支持以及无穷无尽的精神动力。

2. 增强高校思想政治工作质量的主要途径

我国高校思想政治工作的中心和关键环节就是立德树人。同时，立德树人作为凝聚价值的重要理念，是形成思想共识的重要目标导向与根本遵从。人才培养质量与素质对文化育人成效的高低有着决定性的作用。高校要想将文化育人的效能充分发挥出来，以及进一步将思想政治工作不断引向深入，需要充分围绕立德树人这一根本任务，同时将立德树人始终贯穿于文化育人的全过程和全方位。

3. 关注青年学生成长发展需求的必然要求

学生发展的根本需求就是文化育人，同时它也是人才培养的主要着力点。将文化的育人功能和化人功能充分发挥出来，帮助和促进学生形成积极人文精神、求真科学精神以及开拓创新精神，使其可以真正内化到学生的灵魂深处，凝结成学生个体的精神气质，最终使人才培养的文化层次、思想境界以及精神品位都可以得到全方位的提升。众所周知，文化育人实践的主体是学生。习近平总书记强调，“思想政治工作从根本上说是做人的工作，必须围绕学生、关照学生、服务学生，不断提高学生思想水平、政治觉悟、道德品质、文化素养，让学生成为德才兼备、全面发展的人才。”①对学生的主体地位有深刻、全面、系统的认识和了解，在充分尊重学生成长和教育教学的规律基础上面，专门采取有针对性的一系列举措，让学生积极参加各种有意义的文化教育实践，并且能够有所思、所悟、所获和所得。

（二）高校文化育人建设存在的问题

1. 文化育人实践问题

现如今，很多的高校将自身定位为为经济服务的机构，强调追求经济利益，迎合市场的各种需求，同时，这种趋势已经体现在了高校所开设的很多专业课上了，即过于强调课程的实用性，从而培养与市场相契合的人才。这种功利主义和

① 习近平．在学校思想政治理论课教师座谈会上的讲话 [N]. 人民日报，2021-12-10（1）.

实用主义的倾向不仅对高校的教育理念产生了深远的影响，还深刻地影响到了文化素质教育和文化育人的实践。高校的文化育人活动在此种教育形式下，潜移默化地受到各种功利主义教育理念的影响，教育者相对比较缺乏足够的信心将文化育人落到实处，在周围默默守护着“人文化成”发生于人脑与心灵的隐性作用过程。

文化育人实践在具体的工作中很难真正落到实处，教育者组织和开展的各种文化育人活动，经常是为了标榜和彰显文化育人的活动理念以及追求活动效应开展的活动，多数都是短期的形式性，没有真正地立足长远，从“人文化成”的素质发展规律出发，系统性和科学性地实施文化育人。各种各样的报表、材料与工作汇报是此种功利化文化育人活动效果的主要展现形式，由此可以看出，这些文化育人活动也仅仅停留于纸面。从学生的角度来看，无法使心灵真正得到陶冶、启迪与教化，在功利主义的深入负面影响下部分学生形成浮躁心理，最终养成片面追求功利与实用的行为习惯，如参加学校组织和开展的一系列活动是为了修学分，不是为了成长等。从高校多角度来看，没有真正达到应该具有的人才培养实效，在一定程度上阻碍了高校的人才培养工作。

2. 整体育人问题

文化是一个涉及高校各方面工作的大概念，在校园里无论人还是组织，不仅无法真正和文化脱离，还和文化育人存在着联系。我国众多高校在文化育人的实践中，虽然都在积极开展和组织校园文化建设和学生文化素质教育，但是由于受到学校领导和领导之间、部门和部门之间职责分工明确的影响，从顶层设计的角度很难真正有一个专门的领导或者组织来统筹、系统地抓文化建设和文化育人。这就会使各个不同部门和岗位的教育者，按照工作职责范围内散发性开展和组织文化建设活动、文化育人活动的可能性出现，因此出现高校文化合力缺失和学位文化内化相对不足的现象，并且这些现象均不同程度地存在和出现。

三、高校“三全育人”文化建设

（一）红色文化融入高校“三全育人”

1. 传承红色基因

首先，“全员”素养的提升。全员育人的“员”，育人的主体不仅要将红色基因传承好，还要不断地强化责任意识以及明确自身重要的使命担当。由此，能看出来目前我国部分高校存在育人主体责任意识不强，以及没有明确使命担当等问题，针对这些问题将红色文化融入高校的“三全育人”体系当中，进一步加大高校在这一方面的宣传教育指引、引导力度，把红色基因真正地内化于心，同时外化到育人实践当中，推动和促使高校众多教职工树立“育人”是本职的意识，从而真正强化育人主体责任意识，以及充分明确使命担当的重要精神。

其次，培育思政教育情况，凝聚育人主体合力。“六要”要求是习近平总书记对高校思政课教师提出来的，实际上这是对高校思政教师和全体育人主体的要求。高校在“三全育人”文化建设的过程当中，又要传承红色基因，培养优秀的全员育人主体，一方面要既要有坚定的理想信念，又要有坚定的政治信仰，另一方面要明确使命担当，有高度的思想政治教育情怀，形成专业化的育人队伍，和全员育人主体，如社会、政府等合力配合，将育人主体的合力凝聚在一起。

最后，促进高校学生自我教育。我国高校进行红色文化育人的核心与关键就是尊重学生的主体地位，学生本人实际上也是全员育人中“员”的重要组成部分。想要真正让后代牢记红色基因，需要将高校学生自我教育的作用充分发挥出来，并且还要在具体的实践过程中将学生的主体性进行重点强调和突出。学生通过多方面的探索和寻找，如红色人物、事迹等，牢记和传承红色的基因、精神，并且通过一系列的自我教育，正确指引其本身进一步注重对红色文化教育意识和行为的转换，真正做到从内心深处始终坚定和坚持红色文化自觉自信。

2. 用好红色资源

一方面，开发红色资源育人课程。随着时代的进步和教育事业的发展，高校想要紧随时代潮流，需要开设红色文化课程，将红色文化进行不断的传承，同时将红色资源所具有的系统性、整体性特点有效发挥出来，并且结合不同地域、不同高校的实际情况积极研究、探索和创新育人模式。因此，不仅要遵循教育教学的规律，而且要遵循学生成长和身心发展的规律，按照学生自身的实际需求设置红色育人理论和实践的课程，合理开发红色本校课程，从而使育人过程尽量做到没有断点和断层。在开发和设置红色资源育人的育人课程过程中，要注重整体性和差异性，并且充分按照高校学生的特点，按照相应的顺序由浅入深地把红色资源课程纳入各个不同专业的人才培养方案中，有效确保红色资源、红色课程能够始终贯穿于学生学习的全过程。除此之外，将理论和实践的课程结合在一起，相互补充，定期组织高校学生开展一系列红色实践活动，深入红色基地的同时开展众多的实践教学，更好地讲好红色故事。

另一方面，不断创新高校思政教育的育人方法。高校在开展思政教育工作的同时，既要注意工作方法，又要注重艺术。在灵活运用好红色资源，开发和创新红色育人的课程和方法，让红色资源始终贯穿于育人的整个过程的同时，也应该在高校“三全育人”文化建设的实践当中按照各个不同地域、不同高校的实际情况，对构建红色教育常态化体制和机制进行不断的研究和探索。因此，通过制度的一系列构建来保障高校“三全育人”的落地生根，促进和推动高校红色教育的常态化，最终成功实现高校育人整个过程没有断层和断点，完整衔接在一起的目的。

3. 发扬红色传统

首先，将红色传统和育人资源、育人载体进行深度的融合。在高校“三全育人”文化建设的过程中把红色传统作为资源和载体，融入校内校外、线上线下以及课内课外的众多育人要素当中，并且进行更深一步的融合。在十大育人体系中，努力做好顶层设计，积极探索和制定红色育人具体方案，通过各种不相同形式的活动，将红色传统更加灵活地展现出来。例如，行政管理部门在高校党委领导下的管理育人，将红色传统的要求充分展现出来，在具体的工作当中充分展现红色服务，将服务和关爱学生的意识充分展现出来；组建各种学生红色社团，定期组织学生开展相关的红色实践、红色活动等，让学生在实践当中感受红色传统的浑厚力量。按照高校的实际发展情况，除了要努力探索开发红色文化校本课程之外，还要积极探索开辟红色文化校内、校外研究或者实践教学的基地，并将此作为红色传统载体的依托，通过思政教育实践教学法开展和组织教育教学，使红色育人的效果得到进一步强化。

其次，营造全方位育人的红色氛围。高校的教育教学工作者和研究人员在相关理论的研究当中，既要加强对红色传统的研究力度，还要在研究的时候多角度和全方位地深入，从而将红色文化全方位育人的相关理论基础打牢。在具体的实践过程中无论是家庭和学校，还是政府和社会，都需要将红色传统融入工作、生活和实践的各个方面。从家庭教育的层面看，要注重和强调把红色传统深度融入家风家教当中；从政府工作的层面来看，在各项工作当中，要将优良的工作作风全面融入其中；从学校的层面来看，把红色传统融入和渗透于教育教学、各个二级院系和行政部门的整个过程，努力全方位积极营造红色氛围，为高校育人工作提供极佳环境。与此同时，将媒体舆论传播的力量充分地发挥出来，不仅促进红色文化的相互交流和深入传播，还进一步推动了红色文化育人。

最后，多点同时发力，横向和纵向不断拓展、深入，织就“育人大网”。把党优良的红色传统在全员育人与全程育人点线结合的基础上，有效渗透于育人的每一个关键环节，让各个育人的主体、课程、环节共同配合和发力。高校将育人资源进行全方位深度的整合，红色传统更加地形象化和具体化，和学生的实际情况结合在一起，更加贴近学生，将红色传统更加生动形象地展现出来。随着我国教育事业的不断发展，在我国众多高校的思政教育当中，努力积极探索思想政治课程和课程思政协同育人体系，并且根据各门课程的独特特点，把红色育人因素巧妙地融入其中，让思政课程和课程思政做到同频共振和同向同行，从而推动高校学生全方位发展的“育人大网”。

（二）网络文化融入高校“三全育人”

1. 强化网络育人平台建设

高校的辅导员在制度体系的建设上，不仅要认真学习高校学生工作制度体系，而且要对高校学生工作体系有全面的了解和掌握，并且针对存在的众多问题，开展一系列的深入调查和研究，努力探索改进工作的方法与途径。高校辅导员在内容形式拓展上要不断增强依章履职的制度意识，还要加强依规办事的制度意识，把党的相关要求、法律规定与部门职能三者有机结合在一起，积极落实到与其相关的各项制度体系建设中，通过高校各类网络教育平台更加有创新性地开展工作。高校辅导员在方法路径创新上需要有效协助高校推动和促进易班建设和智慧思政建设、智慧校园建设结合在一起，主动参与建设集思想引领、教育教学、生活服务和文化活动作为一体的网络协同育人平台，并且具有互动性、开放性和共享性。除此之外，辅导员积极利用自身的优势所在，使建立的网络宣传工作队伍不仅覆盖范围广、动员速度快，而且无论是战斗力方面还是政治觉悟方面都非常的强和高。组织学生开展和举办一系列与其相关的丰富网络文化活动，对网络文化建设进行重点突出和强调。

2. 强化网络队伍建设

高校辅导员需要将各种与其相关的活动结合在一起，如学术研究、专题讲座等，努力协同推动和促进网络优秀人才的培养。第一，开展和组织各种网络文化研究。高校辅导员要主动和积极参与相关课题项目，如校园网络文化建设、网络思政教育等申报与教材著作的编著，使辅导员自身的理论水平得到全面提升。第二，建设网络课程。利用共享各种平台，如慕课等，及时、快速地分享给学生网络教育课程。与此同时，在网络教学空间和移动教学平台的基础上面，通过各种方式积极努力打造网络精品课程。第三，举办网络专题讲座。坚持每年定期为青年网络文明志愿宣传队伍开展和组织一系列与其相关的培养活动，并且广邀校内和校外的众多优秀学者、专家开展各种网络教育讲座。第四，开展和组织网络培训实践。将网络教育专题加入班会当中，并且培训的内容应该包括网络文明志愿者的多个方面，如传播内容、基本要求等。第五，开展和组织丰富多彩的网络文化活动。组建专门的团队用于参与各类网络平台的建设，使众多新媒体阵地，如网站、微空间等工作覆盖范围越来越广；对网上理想信念教育不断加强，并且利用当地众多非常接地气的正能量故事，把历史和现实、理论和实际、学习和实践充分结合在一起，不仅将众多优秀青年学子在实践期间担当奉献的青春风采展现出来，而且将敢为人先的拼搏奋斗精神以及团结互助的团队合作力量展现出来，激发和鼓励众多优秀的青年学子用信仰点亮人；将各种软硬件设施完善，制作出更加精彩的优秀校园网络文化作品。

（三）校园文化融入高校“三全育人”

1. 塑造健全人格品质

高校一方面要教职工作人员增强对事业的责任感，另一方面要积极正确引导和指引教职工作人员对事业的使命感，并且坚持始终事业至上，有效立足岗位，求真务实和真抓实干。无论是教师还是学生，都要培养出格调高雅的情趣，以及乐观阳光的心态和宽厚豁达的胸怀。高校要通过开展和组织各种不同类型的心理活动，不断增强教师和学生自我的控制、管理等方面的能力和水平，使高校的教师和学生在生活态度方面能够积极进取，以及具有非常高尚的道德情操。与此同时，也要加强教师和学生在非智力因素方面的培养教育，培养教师和学生坚韧不拔的意志品质以及相互协作的团队精神，并且努力增强教师和学生的积极上进意识，创新创造的精神和能力。

2. 培育高尚师德师风

注重和强调经常性地对教师进行思想品德、职业道德以及学术道德的培养与教育，使教师在道德境界方面得到不断的提升和进步。建立健全师德、师风的惩罚和奖励机制，并且积极落实师德一票否决，建立培育高尚师德、师风的长效机制。教育工作者需要具有人格魅力，将言教与身教、育人与律己相互结合。优秀的教育工作者作为整理的传播者和实践者，必须做到言出必行、说到做到，只有用良好的品行、情操与人格去不断影响和教育学生，才可以让学生在潜移默化中见贤思齐。

3. 培养学生优秀品行

育人活动除了要将课堂主渠道作用充分发挥，大学生知识结构进行优化之外，还要强调和注重第一与第二课堂的结合，以及对学生科学精神与人文素养的教育和培养。因此，需要不断加强学生在文化素养教育综合实践基地方面的建设，将各类学生文化活动场所的功能充分发挥出来。除此之外，还要进一步加强对学生正确择业观和创业观的培养和教育，科学教育和正确指引学生完成相关职业教育规划，以便于更好地帮助学生未来的发展。同时，激励学生勇于尝试创业，并且在创业的过程中不断积累相关经验，树立持续更新知识储备的全新观念，使之成为学生成长和进步的源泉动力。

4. 构建文化活动体系

众所周知，大学生思想政治教育最好的方式就是丰富多彩、多种多样的校园文化活动。高校在构建文化活动体系的过程当中，有效借助校园文化方阵的建设以及各种展演活动，除了为学生开辟出精神文化家园之外，还为建设学生思想政治开辟了第二课堂。同时，这也是全新时代下新形势学生对文化各种各样的现实需求，从某种程度而言是进一步促进和推动校园文化繁荣发展的实际需求。从五个不相同的层面去构建校园文化活动系统，其中这五个层面分别为管理机构、教学单位、班级社团、学生公寓和学生自我管理组织，并且无论是校园文化还是院系文化都要努力做出精品和特色，以及活跃的班级文化、和谐的公益文化和多样的组织文化，最终使校园文化形成欣欣向荣和富有活力的良好局面。

5. 大力发展校友文化

校友文化氛围的良好能使学校成为毕业生的共同精神家园。一方面，要注重对校友文化的发展，不断加强校友工作，构建全面的全校友工作架构，修改和完善院校两级校友的工作体制，开展和组织各种校友联谊活动，使毕业生不仅成为高校对外发展的窗口，而且可以成为高校的重要联络人，以及践行学校校训和肩负社会主要责任的参与人与主人公。另一方面，高校要大力支持校友建功立业，要科学合理指引、引导校友为学校的发展作出相应贡献，促进和推动校友与学校事业两者都得到进一步的发展，最终形成高校关心广大毕业校友以及校友心系母校，互相帮助、支持和共同发展的良好局面。

第四节　高校“三全育人”创新路径之思想政治教育资源整合

一、高校思想政治教育资源整合研究

（一）高校思想政治教育资源的分类

1. 人力资源

（1）高校中各级党组织人员

在我国，高校大多数分为四级党组织，分别为党委、总支部、支部、党小组，依次在校级、学院、系部、专业内设立党委、总支、支部、党小组，并且各级党组织不仅人员分工明确，而且体系也非常分明，最终形成党委统一领导和各部门齐抓共管的良好工作局面。实际上，高校思政教育的坚强保障就是完善的组织体系建设，党委对各级党组织进行统一领导，有效把握确定思政教育目标方向以及科学管理规划思政教育发展格局，从而推动和促进思政教育资源建设正确决策，保障思政教育活动真正落到实处。各级党组织人员在整体发展规划当中，不仅是制定者和参与者，还是实施者和落实者，都在其中发挥了一定的作用。

（2）高校思想政治教师队伍

众所周知，教书育人的场所就是高校，是否可以真正实现“育人”的最终目

标，不仅取决于教师在课堂上讲什么，而且取决于在课后做什么。高校教师队伍的高素质、高水平和学生思政教育的顺利推进有着十分紧密的联系。高校思政教师队伍不仅是思政教育资源开发的主要力量，也是思政教育的主力军，直接参与思政教育的各种工作当中。其中，辅导员、班主任等都属于高校思政教师队伍，这些教师在实际的工作中和学生有着比较多的接触，因此也承担着对学生思政教育工作的重要任务和职责。

2. 课程资源

（1）思政课程

思想政治教育理论的相关课程，通常情况下我们将其称为“思政课程”。同时，思政课程作为思政教育的核心与关键，非常有必要开设，是更好地对学生进行思政教育的主要和关键途径。在我国全部的高校都开设了思政教育课程，并且把所有的思政教育课程作为必修课，这就充分确保了学生可以系统、全面地接受思政教育。想要充分做好思政课程理论教学这一主题，不仅要始终坚持在改进中和高校实际情况紧密联系在一起，不断增强社会关注的热点问题，而且要努力提升思政教育的亲和力与针对性，满足学生在成长发展各过程中的各种需求与期待。

（2）课程思政

所谓课程思政主要指的是高校以专业教育课程作为辐射，在非思想政治课程中引入与其相关的教育内容，使高校中的各类课程可以和思政理论课程做到同向同行，最终形成协同效应。随着课程思政概念的提出，高校所有的课程都能被思想政治教育全方位、全领域和全要素覆盖。当前，在我国很多高校课程思政已经推广和普及开，学生课上的思政教育逐渐扩展到所有的课程体系当中。

3. 媒介资源

（1）互联网教育资源库

随着科学技术和互联网时代的发展，出现了“互联网 +”概念以及“共享”理念，并且随着概念、理念的提出和普及，在开展课程建设的过程中灵活运用新媒体技术，从某种程度而言已经成为共识。当前，我国大部分高校为了能够进一步推动思政工作传统优势和先进信息技术的深度融合，充分运用网络、微博等平台建设校内思政教育资源库。从教师角度看，教师除了能够观看各种与其相关的思政课授课视频之外，还可以充分学习其他教师丰富的授课经验；从学生角度看，学生能在空闲的时间中浏览高校公众号、微博或者发布与其相关的思政教育类短文。

（2）校园文化资源

众所周知，思政教育的主要阵地就是校园。在校园文化建设的过程当中，学生可以在潜移默化中接受思政教育的相关内容。同时，校园组织和开展的一系列校园文化活动也可以推动和促进思政教育真正落到实处。不同区域和类型的高校均有着独属于自己的特色，校园文化要和实际情况充分结合起来，通过不同的优势最大限度地挖掘和利用资源。部分高校组织学生开展不同团学活动，并且依托团学活动积极建设校园文化以及进行一系列的主题教育，开展形式多样的校园文化活动，如宣传墙、文化长廊等。

（3）校外实践资源

我国大部分高校在对学生理论教育的过程当中，还会通过组织和开展校外的各种实践活动，达到思政教育的最终目的。众所周知，校内理论教育存在一定的不足，校外实践活动可以很好地弥补这些不足，让学生真实参与各种校外实践活动，更加具有感染力与教育力。高校通过开展和组织的校外实践教育活动，让学生思想政治教育得到强化的同时，还可以快速提高学生参加思政教育主动性和积极性的意识。参观纪念馆、暑期社会实践活动等是我国高校采用的主要活动形式，把校内理论学习和校外实践活动非常巧妙地融合在一起。在思政教育资源开发当中，校外资源的开发占有一定的地位，同时也是非常受学生欢迎的教育资源之一。

（二）高校思想政治教育资源整合的内容

1. 校内有形与无形教育资源的整合

思政教育把校内教育资源的整合作为突破口，以有形和无形的教育资源整合并进为原则，全面整顿、协调看得见的教育资源以及空间存在的教育资源，并且将各个教育资源要素的教育价值充分发挥出来。

看得见、摸得到的教育资源就是有形教育资源，如思政教学的设备、仪器等。把这些教育资源整合起来，并且划分的时候按照资源要素的属性和作用来进行，分类的时候按照教育的价值和功能来进行，取其精华去其糟粕，重新组合，从而不仅快速提高教育资源的利用效率，还提升了教育资源的教育价值。在课堂教学这一层面，思政教育资源要素是不可以单独存在的，同时无论是课堂外还是校园内，都要注意教育资源的重要教育价值，并且将这些重要的教育价值作为资源整合的具体对象，从某种程度而言，对学生思想方面和意识方面的教育意义十分的突出和鲜明，非常有助于推动和促进学生燃起敬畏之情。综上所述，应该归纳为思政教育有形教育资源当中。

看不到、摸不到，需要从内心去感受和体验，并且发挥教育作用要通过一些教育资源，称为“无形教育资源”。无形教育资源在高校思政教育当中包括很多方面，如教学的内容、方法等。同时，在整合这些无形资源教育的过程当中需要以快速促进学生思想、心理、人格健康为最终目的，把目的完全相同的教学内容和教学方法进行合并重组，从而使思政教育的效果得到全面提升。

2. 校外社会文化资源的整合

高校思政教育资源整合工作的基本组成部分就是校外文化资源的整合，原因在于目前我国高校思政教育过程不仅涉及文化传播，还涉及文化整合，肩负着非常重要的使命，其中包括不断向整体社会传播主流文化，积极指引和引导人民群众正确的价值取向，以及规范社会秩序和促进社会和谐等。在校外社会资源文化的整合过程中应该主要针对以下两方面来进行：一方面是校外文化实践活动资源的整合，主要包括实践的场地、内容等，在合并教育作用完全相同的实践场地与实践内容的时候按照重要性进行，并且充分补充其他类型的文化实践活动场地，使高校思政教育校外文化实践活动的教育价值得到最大程度的保障；另一方面是校外环境资源的整合，专门分析生态环境等资源要素，并且在划分校外环境资源要素种类的时候是按照教育价值的大小以及教育功能的同质性来划分的，按照最终划分的结果进行环境资源要素的一系列整顿、协调与重组，对市思政教育活动的进一步开展，除了提供非常强大的服务之外，还具有一定的指引和引导作用。

（三）当前高校思想政治教育资源整合现状

1. 资源整合意识淡薄

随着教育事业的不断发展，思政教育虽然在高校中得到了重视和关注，但在思政教育资源整合意识方面相对比较薄弱。思政教育资源主要指的是能够有效开展和组织思政教育的相关人员、方式等，现如今我国高校经常使用某一种资源，在一定程度上没有真正形成资源联动。我国高校的部分教职工作人员在运用思政教育资源的过程当中，没有全面考虑各种资源搭配形成的最终合力，同时也没有对思政教育资源的培植与保护进行重点关注和强调。在思政教育资源整合的过程中，最主要的问题之一是高校的整合意识薄弱。由于思政教育所涉及的资源种类多样，如果不从观念上面进行彻底转变，很难从根本上取得实质性的进展和改进。在我国，高校思政教育资源的开发和利用，在大多数情况下需要多方联动才可以达到良好的效果，如人力、课程等资源组合，才可以最终组成非常完整的课程资源体系。

2. 资源融合程度较差

当前，我国高校能够利用的思政教育资源虽然多种多样，但是由于各种教育资源之间没有存在非常紧密的联系，因此会出现没有相互融合或者融合程度比较差，以及融合程度比较生硬的情况。

第一，对思政教育资源的开发利用浮于表面，缺少深入的挖掘，没有真正从内在的层面发现各种教育资源之间的紧密联系。除此之外，缺乏对资源成因、资源发展变化机制等诸多问题更加深入地研究和挖掘，同时也没有真正将现实经济生活和思政教育资源的最新发展结合在一起。

第二，思政教育资源的融合形式比较固定，相对比较缺少创新性，并且资源和资源之间功能性的联系还不够紧密，最终效果很难让学生满意。高校思政教育资源整合虽然能够运用多种融合方式，如校内和校外的资源融合等，有效摆脱比较单一资源利用方式的局面，但是由于思政教育资源之间的相互融合程度还不是很深，即便是融合形式多种多样，也很难达到预期的效果。例如，部分高校校外实践活动大多数以参观为主，虽然校内、校外资源成功实现了融合，但是由于学生时间有限，在参观的过程中只是走马观花，和学生的实际情况没有形成紧密的结合，学生也很难有切身感受和体验。同时，高校的大部分教职工虽然都对课程思政非常熟悉和了解，但是怎样将思政内容成功融入课程中却感到比较困惑，课程和思政教育无法得到很好的融合。

3. 资源协同利用效率低下

第一，资源的重复开发使得创新率非常低。我国高校虽然在资源方面加大了开发力度，但是由于思政资源体系依旧处于建立的状态，还没有完整的体系，因此开发的重点大多数集中于理论研究，缺少一定的实践。尤其是在人力资源调动层面，高校各个专业的教师基本全部参与其中，由于没有对参与其中的教师进行十分明确的分工，因此同一个方向重复研究的概率较高。同时，高校思政教育热点有独特的时效性，当太过集中开发某些资源的时候，就会出现部分资源无法得到及时开发的局面，最终导致内容的失效和资源的浪费。

第二，资源配置不合理导致重合度较高。假如没有合理安排思政教育课程与课程思政的课程内容，会非常容易出现重合度高的局面，不仅让学生重复学习内容知识外，而且极易让学生失去学习的兴趣。这样不仅没有形成最终的资源互补，同时由于重合度比较高，还非常容易造成相同资源的重复性利用现象，简单来说就是浪费大量时间和精力的同时又大幅度地降低了效率。

二、高校“三全育人”思想政治教育资源整合对策

（一）明确全员育人首要含义

第一，在高校“三全育人”思想政治教育的过程当中，无论是学校外的对象，还是学校内的对象，都要共同参与到教育中。教育不仅是学校和教师的主要责任，还是社会和家庭的责任。社会与家庭均应当明确育人的重要意识，并且积极主动地投入育人这项神圣的工作中。例如，我国高校在开展和组织红色文化融入思想政治工作的过程中，思政课教师、班主任等思政工作人员作为先锋，应该积极提高自身在意识方面的站位，不断加强认识和学习，领头并且努力做好马克思主义的坚定信仰者，对红色文化的各种重要精神进行感悟和体会，在开展育人工作的过程当中，主动将丰富的红色文化资源带入其中，通过各种努力不断提高红色文化素养，从而在学校育人队伍中可以更好地树立榜样。全员育人强调和注重育人不再是教师的专责，无论是高校行政事务的干部，还是后勤保障服务人员，所有对学校贡献力量的教职工作人员，就应该成为育人工作中的重要一员。实际上，教职工作人员工作的过程就是育人的过程。高校在开展和组织红色育人工作的时候，应该在充分发挥思政队伍先锋带头重要作用的基础上，以点为基础不断扩大范围，积极带动身边的教职工作人员不断提升在育人方面的意识和水平，不仅敢于传播红色文化，而且善于传播各种红色文化，承担育人的主要责任和担当，并且在工作的过程当中把红色育人工作纳入相关业务工作中，从而最终推动和促进学校形成立体和充满正能量的育人环境。

第二，在不断提高同伴育人教育水平的同时，也要抓好学生干部教育。高校教育和中学教育相比是不同的，中学主要以单一的课堂教育为主，大学阶段虽然也会接受课堂教育，但是学生有大量的课余时间是和舍友、社团组织等共同度过的。自我学习和同伴引领在教育的过程当中上升到了更高的位置。高校在思政教育和开展组织红色文化结合的过程中，应该重点将学生的干部教育抓好，先通过学生校园主流平台，如青马工程、青年讲坛等，快速打通红色文化育人的渠道，培养一批各方面修养都非常成熟以及受红色文化影响比较深的先进学生，发挥他们榜样引领和同伴影响的作用，从而更好带领身边的同学一起进步，共同成长。教师教育和同伴引领作用是很难相提并论的，同伴引领所具有的优势是独特的，除了亲和力更强和沟通接受更快之外，认可度也非常高。通过同学和同学之间的相互影响，可以让红色精神得到更高效、广泛的传播，最终更加轻松、更快速地让思政教育融入学生，以及得到进一步贯彻。

第三，高校需要将社会教育主动引入其中，并且把社会教育的功用充分发挥出来，最终形成社会教育和学校教育的合力。当前，在我国高校红色育人教育的过程中，博物馆、纪念馆等红色基地是校外红色育人的主要存在形式。在和高校合作的过程当中，学生只是非常简单地参观学习，无法将育人的作用发挥出来，成效不够明显。由此，当前迫切需要解决的问题有很多，如怎样才可以使红色基地的育人资源得到充分利用，强化红色基地的育人担当和责任，寻找红色基地和高校利益的共同点，提升双方之间的合作层次，共同为育人作出贡献和努力。从红色基地的师资资源共享、优化教学和实践结合等角度来看，存在找到途径和方法的一定可能性，来搭建社会和高校育人的重要桥梁，摸索出全新的教育配合模式，将校内育人和校外育人的作用充分发挥出来，从而搭建更好的全员育人的教育工作格局，对高校“三全育人”思政教育有着一定的作用和意义。

（二）突破全程育人教育时限观

高校在开展育人工作的过程中应该打破固有的教育实践观，除了打破课堂时间的授课时限之外，也要将大学四年教育的认识突破，简单来说就是把高等教育从学生踏入校门起，一直贯彻到学生踏出校门后，甚至更长的时间。除此之外，也要突破第一课堂和第二课堂各块育人体系之间的时间藩篱，并且始终坚持把育人工作贯穿大学的整个过程和各个阶段。

高校在开展思政教育的过程中将红色文化资源融入其中，应该科学、合理分析学生成长的具体规律，并且按照学生在每一个成长阶段存在的特点以及遇到的相关问题，有针对性地探索、挖掘和寻找各种红色文化育人资源，积极开展思想政治教育。新入学的大一新生，高校不仅可以结合红色革命者对人民福祉的不懈斗争，而且可以和革命者对共产主义的终身追求相结合，促进和帮助大一新生更好地树立理想信念，使大学阶段的奋斗目标得到尽快的明确。除此之外，还可以通过宣传和赞扬勤奋学习和严格自律的良好精神，帮助学生快速转变学习方式。大二和大三作为高校学生学习、生活的重要积累时期，是高校阶段非常关键的时期。感情困扰、学习倦怠等都是思政教育所面临的育人问题，学生也非常容易在这个关键时期将问题暴露出来。因此，思政教育应该建立多方面的关注，专门针对学生出现的问题，将红色文化中相关人物与故事作为展示示例，对更多的学生开展各种形式的情感教育、爱国教育等，帮助和促进学生快速调整和完善自我，得到全方位的成长，以便于更加顺利地进入毕业期，为以后的人生发展奠定良好、坚实的重要基础。即将迈入社会的大四学生是思政教育工作的成熟期，在巩固教育已经形成的学生品德以及继续抓好问题学生教育的同时，还要注重和强调在开展职业、爱国主义等教育的时候，和红色文化结合在一起，以便于为学生进入社会做好万全的准备，把好最后一道关。

（三）加强全方位育人教育载体的利用

对各种教育载体进行充分灵活的运用是全方位育人重点强调和突出的。开展育人工作的途径有很多，如课内课外、线上线下等。教育载体在学校教育中表现为多个不同的方面，如课程教育、校园文化建设等。

在高校思政工作中把红色文化融入其中，应该重点从三个方面入手落实，一是优化课程育人，二是提升校园文化建设，三是创新红色育人实践，通过红色文化将课堂、实践和校园文化串联起来，并且贯彻深入，为全方位育人的基础框架奠定更加坚实的基础。

第一，课程育人。高校在课程育人方面，除了应该结合红色文化和思想以及对思想课程开展更深一步的研究之外，还应该结合其内容，整合红色文化中相关的人物和事迹，并且通过梳理与提炼，逐渐探索形成完整的案例教材，或者和当地红色文化发展的实际情况充分结合在一起，在开展辅助教学的时候，通过科研和课程结合的方式，一方面可以有效改善课堂比较单一的教学模式，快速提升课堂的吸引力，另一方面可以创新优化相关的课程内容，提高课堂教育质量、教育水平，最终使思政教育的实效得到全面提升。

第二，校园文化建设作为一项软工程，需要精耕细作，高校想要形成优良校园文化的氛围，需要长时间优秀文化的浸润和影响。我国优秀传统文化的重要代表就是红色文化，如果可以灵活运用，把红色文化融入校园文化传播中，可以快速、全面地提升校园文化。因此，在宣传校园红色文化的时候可以利用艺术的感染力；宣传红色文化中重要人物与精神的时候可以通过学生喜爱的艺术方式，如摄影、绘画等；通过各种新颖的线下活动，如快闪、活动、分享会等广泛传播红色文化；通过众多新媒体平台，如微信等宣传红色文化等。高校通过红色文化进一步体现与弘扬出校园文化精神内涵和思政教育的重要内容，不仅对活跃校园文化起到了重要的推动作用，而且在打造积极、热情、健康和良好校园育人环境当中起到一定的促进作用。

第三，育人实践。高校在开展和组织各种社会实践的过程当中，结合红色文化虽然已经普遍成为思政实践经常运用到的教育方式，但是大部分都是非常简单和粗浅的活动内容，如参观、走访合影等，很难调动和引起学生学习的兴趣，使得学生参与的主动性和热情也在逐渐降低。因此，当前红色育人融入思政实践存在的主要问题有三个，一是对红色文化的精髓进行深入挖掘和探索，二是不断创新活动形式，三快速、全面提升红色文化实践育人的成效。针对这些问题可以借助头脑风暴法，使学生设计一系列相关的活动方案推动和促进实践方式的不断创新，活动过程分块组织，分派到每名学生的方式要落到实处，除了激发学生的动手能力之外，还积极调动学生的动脑能力，借助扩大参与活动范围的方法，进一步扩大学生参与的活动程度。

第五章　高校“三全育人”的创新探索

本章为高校“三全育人”的创新探索，内容包括大学生思想引领与社会实践、借助网络创新高校思政教学模式、高校共青团与“三全育人”的创新、高校管理服务育人的创新。

第一节　大学生思想引领与社会实践

一、大学生思想引领的创新路径

（一）坚持“习近平青年观”思想引领

1. 建立多元思政教育培养机制

教育培养模式的单一化，无法将高校思政教育主体的优势充分发挥出来。高校思政教育的基本指导和指引应该以习近平总书记青年观为主，并且建立多轨并行的思政教育机制，使高校思政教育可以从多个方位和多个不同的角度共同促进和推动思政教育工作，除了快速提升大学生在自身专业方面的素质之外，还可以使文化素养以及道德品质得到全面的提升。除此之外，在开展思政教育布局的过程中从多个角度进行，使思政教育作为一种非常科学的方式，快速提高学生在思想道德方面的水平，以及更加坚定学生的政治信仰，为学生思想政治问题解决提供重要的基础教育保障。

2. 深化高校思政教育实践水平

在我国当代思想教育的过程中，教育实践是非常有必要的。针对青年一代的教育培养，从某种程度而言需要深入教育发展的本质，通过各种方式帮助学生积累丰厚的社会经验，快速提高学生对社会发展的全面认识和了解，从而为学生更好地为社会发展积极奉献夯实基础。因此，高校在开展思政教育工作的过程中要以教育实践作为最基础的切入点，把思政课程教学对学生在实践方面的能力强化作用充分发挥出来，开展和组织各种社会服务实践，以便于为学生开展和组织各种社会探索活动提供更好的帮助，并且可以让学生在校学习的时间中除了对社会发展现状有深入的认识之外，还可以对我国的社会意识形态有更加全面的认识和了解。高校在此时开展和组织更深层次思政教育工作的时候，可以获得比以前更好的教育效果。

3. 拓展高校思政教育培养内容

高校思政教育为了能更好地将习近平总书记的重要教育知识落到实处，应该遵循的发展原则就是多位一体教育，源源不断地把多元化教育元素融入现代教育体系当中，在新时代教育发展的基础上，让大学生思政教育快速实现教育工作体系化的推进。例如，我国高校在专门针对学生爱国思想教育方面，应该主动、积极和相关机构开展联动教育，如历史文化研究机构、红色文化研究中心等，尤其是在高校学生思政教育培养方面，通过专门聘请优秀的专家团队或者战争亲历者给予相应的教育支持，将多元化教育背景作为重要的基础，通过现身说法的一系列方式和方法，帮助和促进大学生领会革命精神的重要思想，在文化思想传承的重要基础上快速推动高校思政教育实践。

4. 强化高校思政教育环境建设

高校思政教育需要充分围绕着习近平总书记在学校思政课教师座谈会上的重要讲话，做好科学化、合理化和规范化的教育布局，并且积极营造良好的思政学习氛围，通过良好的学习氛围快速提高环境氛围对学生的深入影响力。与此同时，高校在实际的思政教育工作中需要将学生的兴趣和爱好导向作为重要的基础，不断加强深层次的正确教育指导和引导，从而让高校思政教育可以充分满足高素质人才教育培养的多方面不同需求。例如，高校在思想道德修养教学方面，应该积极建立健全系统化道德评价奖励机制和惩罚机制，及时纠正校园内各种不道德的行为，并且给予相应的处罚；树立道德楷模和学习规范，通过榜样的力量帮助和促进学生树立正确的思想价值观念，既可以使学生在基本道德思想觉悟方面得到提升，还可以在道德品质上有全面的提升。

（二）坚持学生党建思想引领

1. 强化理想信念教育

众所周知，一个人行动的根本动力就是信念，保持坚定的理想信念，可以在实际的实践活动中保持更加坚定的方向。因此，不断地增强在理想信念方面的教育，把我国社会主义核心价值观念成功转变为充分符合高校学生实际需求的重要内容。当前，把学生的思想现状与发展需求巧妙地结合在一起，有针对性地对学生进行一系列的思政教育，不断增强在人文方面的关怀，通过喜闻乐见的形式源源不断地传递给学生，帮助和促进学生树立正确、合理的价值理念。高校学生党员在增强思政教育针对性的过程当中，要积极主动将自身先锋模范和引领榜样的作用充分发挥出来，将各种正能量信息传递给身边的同学、朋友，并且有效通过思政教育培育正确、合理的价值观念，在具体的实践活动中贯彻落到实处，最终快速推动思政工作针对性与创新的进一步发展。

2. 更新学生党建工作内容

高校思政教育的排头兵与引领者是学生党建工作，因此必须在内容上做到紧随时代潮流的步伐，一方面要紧随上级党组织的各项指标结合，另一方面要和时代趋势紧密结合在一起，对学生党建工作的相关内容进行不断的创新，从而更好地推动和促进高校思政教育工作。随着时代的发展和教育事业的进步，高校思政教育在全新的时代背景下也会面临一些问题和挑战，这就要求思政教育既要符合时代内容之外，又要符合时代要求，尽可能地用时代语言讲好思政教育的重要内核。学生在新时代背景下，要充分吸收和传承以前优秀内容的同时，还要立足于这一全新的时代，不断地发展创新，总结出一套完整的思想政治内容与工作方法，并且具有一定的时代性特征。只有不断增强思政教育的时代性，无论是学生的获得感还是学生的参与感，都可以得到一定的增强，才能更好地将学生党建工作的主要作用充分地发挥出来。

3. 创新学生党建工作方法

第一，不断加强在组织方面的建设，将学生党支部战斗堡垒的作用最大限度发挥出来。学生党支部在学生发展的过程当中有着非常独特的吸引力，作为可以有效引领开展思政教育的可靠队伍，实际上也是践行我国社会主义核心价值观的主要参与者与践行者。同时，学生党支部作为思政教育的战略阵地，在高校中也发挥着十分强劲的战斗力，由此我们可以看出来，战斗力堡垒作用十分的鲜明和突出。除此之外，学生党员在这一时代应该承担主要责任和担当不仅要不断增强学生党支部的组织力，而且要努力增强战斗力和凝聚力，对学生党支部的学习内容进行不断的充实和更新，通过各种不同的方式让党支部的学习形式变得更加丰富多彩，有效改善和调整党支部的学习方法，每一位学生党员都要集思广益，加强在组织方面的建设，最终实现快速提高学生党支部引领学生思政教育有效性的目的。

第二，重视学生党员的作风建设，将学生党员先锋模范和引领榜样的作用发挥出来。学生党员作为高校学生党建工作和思政教育的重要抓手之一，从某种程度来说，是高校学生党建工作积极引领高校思政教育的重要着力点和关键点。从政治领域来看，学生党员要始终旗帜鲜明，努力加强在思想理论方面的武装。无论是在学习中，还是在日常生产、生活中都要将党员的作用积极发挥出来，认真和努力学习相关的专业课程。从学习领域来看，要努力作出表率，认真贯彻和彻底落实到为人民服务的理念上面，坚决不停留在表面形式，从而作为引领者与带动者，更好地为同学、教师、学校和社会贡献自己的力量。

4. 做好学生党建工作

第一，努力加强在党建媒体方面的建设，积极拓宽思政教育的渠道和途径。高校要注重和强调教育、物质和精神的协调共同发展，灵活运用好高校的官网、官微等诸多新媒体平台，以便为学生构建一个更好的理论学习阵地，不仅可以让学生利用碎片化的时间进行浏览和关注，还可以让学生通过零散的时间开展更深入的学习，在潜移默化中对学生产生影响，并吸引学生，从而打造出良好的高校思政教育氛围。高校积极广泛吸纳学生党员和骨干参与高校众多新媒体平台的内容编辑中，同时让学生党员和骨干参与平台的运营中，在政治立场坚定以及娱乐化的基础上，将学生的自主创新性充分发挥出来，学生党员和骨干参与新媒体平台内容编辑的过程，实际上就是学生更加深入和透彻学习理论的过程，并且也是一个良好的契机，将学生党员的引领和榜样示范作用充分发挥出来。

第二，不断加强校内校外实践活动，努力拓展校外内的实践活动。高校要积极推动和促进学生党建工作，以及对思政教育的引领和榜样示范作用，并且在具体的实践中必须对其进行不断的探索，同时对校内外结合的实践活动进行不断地加强与拓展。在高校内部可以开展和组织各种活动，如微党课等，不断地加强学生在专业方面的素养，充分激发和调动学生参与各种不同活动的主动性和积极性。在高校外部可以通过参观各种红色革命教育基地等，对爱国主义精神不断的宣传和弘扬，让大学生在具体的实践过程当中做到学以致用，并且无形中内化吸收红色精神和责任意识等。转变学习方式，从以前的被动接受成功转变到学生自主地学习和提高，使学生在自身健康发展方面得到进一步的促进和提升。综上所述，高校在校内和校外组织和开展的各种各样、丰富多彩的实践活动，从某种意义而言是学生党建工作和思政教育的黏合剂，只有在思政教育的具体实践发展过程中把学生党建工作融入其中，其引领和示范作用才可以更加地突出和明显。

（三）坚持共青团组织思想引领

1. 针对不同的大学生群体开展共青团工作

众所周知，无论是人的心理方面还是生理方面，大学生觉得均处于迅速成长的时期，随着大学生成熟和定型的性格、心理特征和兴趣爱好，最终一定会形成完全不同的群体类别。从成员构成的层面来看，主要可以分为两个群体，一是非正式，二是正式；从学习偏好的层面来看，主要有爱学习与不爱学习两种群体；从综合因素角度来看，有强势、弱势和普通三种群体等。高校学生自身成长一定会受到不同群体特点的影响，同时给共青团开展和组织工作带来一定挑战和困难。共青团组织在细化工作的过程中要充分按照不同学生的群体因势利导和因材施教，真正地做到以人为本，最终使每一名大学生都能达到成长、成人和成才的最终目标。

2. 实践思想引领与个人发展相结合

对高校学生进行思想指导从广义上来说，主要指的是对学生进行一系列的思想政治教育，如马克思主义理论、共产主义理想信念等，帮助学生树立正确、科学的三观是其最终目的，这不仅是国家和民族层面的重要方向原则性教育，也是关注和强调学生个人成长的重要现实问题。学生在高校期间必然会出现一些现实性的问题，如思想冲突，心理障碍等，这些具有现实性的问题，实际上也是学生成长和成才过程中无法避免的。因此，高校想要切实做好在思想引领方面的工作，一方面要将学生的重要方向原则性引导与个人成长、发展结合起来，另一方面还要进一步解决好学生个人发展应该承担社会和历史的主要责任。共青团组织需要找到以下三点：第一，理论教育需要讲得更加深入和透彻，真正做到把理论和实际紧密地联系在一起，在面对问题的时候不胆怯，可以通过灵活运用各种相关理论去分析和解决，正确解答学生对中国特色社会主义制度存在的各种疑惑。第二，在学生具体的实践过程中必须充分结合学生的特点，如心理特征、自我意识等，不仅锻炼学生的独立思考能力和动手实践能力，也进一步锻炼在解决问题方面的能力，从而让学生能够更快、更好地适应社会，推动和促进学生全面发展。第三，正确地指引和引导高校学生自觉进行自我的管理和发展。时代的变化和社会的进步，使人才标准在其影响之下也在逐步提高，高校学生想要快速适应社会的各种需求，就需要紧随时代潮流的步伐和社会的节奏。现代社会作为规范化和制度化的社会，高校学生只有具有良好的自我规范意识以及相互合作的团结协作精神，才可以更好地适应社会需求，得到进一步的发展。

二、大学生社会实践与思政教育研究

（一）社会实践与思想政治教育的关系

1. 社会实践是思想政治教育的重要载体

社会实践活动具备思政教育的条件，也具有思政教育的相关要求。第一，思政教育的重要载体就是社会实践，它被非常广泛地运用。第二，社会实践活动不仅承载了思政教育的内容与信息，还广泛传播和传递了思政教育的信息和内容，实践活动对受教育者产生直接或者间接的重要影响。第三，社会实践的主体和客体分别是学生和实践活动，它使两者之间形成一定的相互作用。学生积极参与各种社会实践从某种意义而言也是相互作用的过程，不仅为学生主体提供了重要的实践场所，实践者还通过实践作用于实践的发展。社会实践作为教育的重要形式和载体，实践主体学生通过参与各种实践不仅可以进一步丰富实践体验，而且可以不断深化相关理论认识，同时也为思政教育目标实现提供了重要载体。实践的内容、参与形式等社会实践是思政教育载体的主要表现，会在很多方面对参与各种社会实践活动的主体学生产生一定的影响，如思想、行为等。教育对象在社会实践的影响下从被动变为主动，充分激发和调动了实践主体学生参与各种社会实践的积极性与主动性，并为其提供了非常宽阔的创造性空间。社会实践的参与者把理论和实践紧密联系在一起，使思政教育的生动性得到了很大幅度的增加，因此对实践教育目标的实现极为有利。

2. 思想政治教育为社会实践提供价值导向

众所周知，社会实践活动都是在校外开展的，因此无论是社会实践的环境、内容与形式，还是相关的社会人群都具有不确定性。在参与各种社会实践的过程中学生的思想意识是不断变化的，需要对参与各种社会实践的学生进行长期正确的指引和引导。思政教育事实上可以为社会实践提供非常重要的价值导向，主要体现在以下两个方面。

一方面，提供方法论引导。高校在做学生思想工作的过程中需要坚持的指导就是马克思主义方法论，同时也要始终坚持和贯彻从实际出发和实事求是。我们都知道思政教育是一种理论依据，并且它可以成功转化为方法论，为高校学生的各种社会实践活动开展提供多方面的相应指导。

另一方面，提供认识论指导。高校各种社会实践活动的开展，实际上是由一系列思想指引人的认识受到具体实践水平认识的深刻影响。无论是不良的实践环境和场所，还是不良的实践见闻，都存在一定的可能性影响高校学生参与各种实践活动，并且学生产生比较消极，甚至错误的思想与行为，对实践活动开展的实际作用与效果产生一定的不良影响。也正是因为如此，将科学的认识论作为实践过程中的具体实践指南，最大限度地减少和避免错误思想观念与行为对学生的消极影响。

3. 社会实践与思想政治教育目标具有一致性

随着社会实践的不断深化，高校思政教育内容也在随之作出改变，同时随着社会实践的不断发展，无论是思政教育的内容、形式还是方法也都发生了相应的变化。社会实践活动能够将思政教育的主动性和积极性充分发挥出来，除了可以快速、全面提升实践者对思政理论知识的充分认识、了解和掌握之外，还可以快速提升实践者在多方面的综合素质，如身体素质、政治素质。当教育对象充分掌握和了解思想观念、道德观念和政治观念的时候，实践主体就会通过正确的思想来指导社会实践的具体方向，并且在具体的社会实践中达到思政教育的最终目的。由于，社会实践和思政教育二者存在非常紧密的联系，相互补充，因此为了让能够让二者均达到教育的最终目的，需要在重视和强调社会实践重要作用的同时，也要关注和重视思政教育相关理论的重要指导，从而使社会实践可以向着积极方向发展得到确切的保证。综上所述，无论是思政教育还是社会实践，二者的目标都是相同的，应该对思政教育和社会实践的内在联系有充分的认识和了解，并不仅使二者相辅相成，还要相互促进。

（二）大学生思想政治教育实效性的实践提升路径

对虚拟化和网络化的实践教育模式开展深入的研究、探索和挖掘，以及开设创新型的实践课程，从实际意义上来说对于全面充实实践课程体系有着一定的作用和意义。随着时代的进步和科学技术的快速发展，通过现代网络与虚拟的先进技术开展一系列实践活动新模式，如线上线下联通、虚拟现实结合等已经体现出非常广阔的发展前景。在我国部分区域与高校通过先进的虚拟技术，把思政教育的实践资源数字化和虚拟化，更好地为开展思政教育提供了全新型实践的空间与课程，使学生对全新事物与技术的敏感性大幅度增加，充分地激发和调动了学生参与各种社会实践的积极性和主动性，同时又解决了实践教育中众多的现实问题，如缺少设备、基地不多等，实现和达到了高校实践教育资源高效利用的目的。

加强和完善各种实践激励机制，为进一步增强高校学生思政教育实效性，更好地提供强有力的机制性动力，其中既应该重点加强需求性激励机制的创新和完善，又应该不断加强对分配性激励机制的不断创新和完善。一方面，通过不断创新实践内容，快速推动和促进社会实践更加项目化与专题化，在充分满足社会具体性和学生个性的需求基础上，将多元化实践主体学生的强劲内在动力进一步激活，为学生支持和参与各种社会实践活动提供一定的内在需求激励。因此，这就需要社会实践的内容安排应该充分反映学生现实、真实的需求，以便于把思政教育的目标、学生个人成长的实际需求和社会服务的价值，通过各种社会实践项目将三者结合起来。另一方面，最大程度实现实践的资源公开化与机会均等化。高校的实践资源由于具有一定的稀缺性，想要真正让实践主体学生普遍参与实践活动，需要公平分配有限的实践资源，建立非常公平、公正、合理的分配性实践激励机制。因此，高校需要公开配置实践资源，让实践主体对实践资源的分配情况尽可能地认识和了解，同时分配的信息和结果应当公开透明，并接受全校师生的有效监督。

第二节　借助网络创新高校思政教学模式

一、网络与高校思政教学相结合的分析

（一）网络在高校思政教学中的优势

1. 思政教学更为开放互动

传统思政教学工作的展开无论是在方式、方法上，还是在内容上都相对比较封闭，很难被高校学生真正地接受和认可，并且也和当代新的教育、教学要求严重不符。随着时代的进步和科学技术的发展，网络信息化技术使思政教育的开放性进一步增强，如高校的学生都有个人网络设备，人手一部智能手机。学生只要拥有一部智能手机，高校就可以随时随地对学生开展思政教育，这样的好处就是轻松、便捷地对学生开展思政教育，并且学生不会产生学习上的压力，真正实现思政教育的常态化。众所周知，网络有着很好的开放性和互动性，在学习的时候学生除了能够自由地查阅资料和发表意见之外，还可以他人及时、快速地相互沟通和交流，从而更好地将学生在思政教学中的主观能动性彻底激发出来。

2. 学生认知更为客观全面

让学生在纷繁复杂和丰富多彩的世界中辨别出好与坏、善与丑、美与恶，并且拥有学生自身正确的思想价值观念，是高校思政教学的最终目的。因此，在思政教学的过程当中，高校应该让学生拥有更多的认识和了解，帮助他们更好地去发现世界与认识世界。高校借助网络对学生开展常态化的思政教学，把世界上纷繁复杂、丰富多彩、多种多样的事物展现在学生面前，使学生对世界的感受与认知进一步增强，并且在网络适当、正确地引导下，学生就可以形成开阔的思维与眼界，有效避免和减少被错误现象与思想影响。

3. 高校信息教育进程加快

实现教育信息化是我国对未来教育的一项基本部署。在先进网络的基础上不断创新思政教学模式，并且在思政教学中把网络信息技术应用其中，除了能够将网络信息化技术的教学优势发挥出来，还能成功将信息化技术的教育优势全面发挥出来。同时，和其他方面的教育信息化建设工作并驾齐驱，或者是更好地为其

他信息化建设工作提供丰富的经验，以及一系列的正确指导，进而快速推动我国高校教育信息化的整体进程，快速实现教育信息化。

（二）网络技术与高校思政教学结合的现状

随着互联网的进步和教育事业的发展，高校的思政教学在教育改革的深入影响下得到了飞速发展。当前，我国大部分的高校已经在思政教学中将网络技术应用其中，虽然有了飞跃性的突破，但是依旧在很多方面存在着问题和不足。例如，部分教师在教学的过程中没有真正突破传统教学模式的束缚，仍旧拘泥于比较传统的教学方式，这已经无法紧随教育的步伐，以及适应现代教学；部分高校虽然已经建立了完整的校园网，但是关于思政教育的主题依旧很少，网络思政教学依旧停留在相对比较低的层次上面，如提供学习资料、新闻报道等，没有取得实质性的进展。除此之外，在思政教学的过程中没有将网络环境应用于其中的潜在原因就是思政教学自身也存在一定的问题。第一，高校师资队伍在力量方面非常薄弱，思政教育的效率比较低，它不仅包括思政教育工作者本身，思政教育工作者在能力方面也存在一定的不足，没有紧随时代的步伐和潮流，因此更不用说在实际的教学过程中应用网络环境了。第二，不完善的工作制度以及比较缺乏相应的教网络教学规划。高校任何一个活动的具体实施都需要提前做好认真的部署以及撰写详细的活动方案。教师在教学的过程中应用网络环境却没有进行网络教学的相关规划，这就导致在实施的过程中会遇到一定的困难和阻挠。

（三）高校思政课网络教学模式应用的制约因素

第一，制约高校思政课网络教学模式应用的核心因素实际上就是教学主体的认知和能力。

高校思政课网络教学模式的应用不仅受到了教师的思维和个人精力的影响，而且受网络信息化水平的深入影响。首先，部分教师存在相对比较固化的教学思维。高校的部分教师习惯了以往传统的教学方式，如粉笔、黑板等，因此无论是对网络教学的态度，还是接受和认可网络教学都有一个过渡的时间。其次，部分教师网络信息技术水平比较低。教师无论是对网络信息技术的认知和学习，还是对网络信息技术的应用，均停留在比较浅显的层面，没有进行专门化和系统化的学习培训。除此之外，教师教学工作性质的独特性，接触到的网络信息技术范围相对比较狭隘，这些都导致了教师对信息技术的掌握和了解，以及对网络的灵活应用能力相对比较薄弱，无法完全满足教师的网络教学需求。最后，教师的时间与精力相对比较缺乏。很多思政课教师认为自身在很多方面，如教学任务、科研压力等花费了极大的时间与精力，因此没有多余的时间与精力去接受网络教学、学习网络教学以及充分运用网络教学。

高校思政课网络教学模式的应用既受到学生信息认知能力和网络学习专注力的影响，也受到网络学习习惯的影响。首先，学生在自我管理方面和信息认知方面的能力严重不足。随着互联网技术的发展，网络在互联网时代作为一体化的资源平台，具有多元性、开放性和共享性。其次，高校学生在运用网络教学平台的过程当中，由于网络所具有的独特吸引力，学生相对比较容易被其他事物吸引，无法完全专注地学习。高校学生仍处于成长的阶段，心理认知和社会认知还不完全成熟，还没有完全具备信息辨别的能力。学生在运用网络的过程中会遇到纷繁复杂、多种多样的网络信息，真与假、善与恶、美与丑的信息充分交织在一起，大幅度增加了信息的辨识难度，从某种程度而言，和思政课网络教学传播的正能量形成很大的冲击，在一定程度上影响了高校思政课网络教学对正能量的传播。最后，网络学习专注力不够。网络教学平台营造的教学气氛虽然是自由，宽松和活跃的，但前提必须是学生作为主动的学习者，去努力地探求知识。实际上，部分学生名义上的网络学习，由于专注力不足，通常会利用网络做自己的事情，如打游戏、购物等。

第二，制约高校思政课网络教学模式应用的主要因素就是传统教学模式。

众所周知，“灌输式”是传统教学模式的主要教学形式，简单来说就是教师在固定的地点，为学生传授相对比较固定的知识内容，从某种程度而言对学生并没有太大的吸引力。教师在把握整个课堂的时候，通常凭借自身积累的经验与想法，严重忽略了学生的真实心理感受，同时在教学的过程中和学生之间的相互沟通交流相对比较缺乏，学生在学习的过程中基本处于比较被动的接受状态，无法充分调动和激起学生学学习的主动性和积极性，思政课的教学也无法取得良好的效果。除此之外，传统教学模式中的教学内容也是比较固定的。在传统教学模式的深刻影响下，部分教师在教学的过程中通常采用照本宣科的方式，在亲和力与感染性方面比较缺乏，学生认为此种教学方式是纯粹的说教，从而让学生对思政课产生一种比较刻板的不良印象，认为思政课不仅单调而且比较乏味，最终在内心深处产生一定的抵触情绪和心理。

二、网络时代高校思政教学模式创新策略

（一）构建新型思政教学平台

随着时代的进步和科学技术的发展，我们已经处于互联网时代。高校思政教学模式想要在互联网时代作出创新，需要在教学的空间和平台上作出改变，通过先进的网络信息化技术，建立全新型的高校思政教学平台，除了灵活运用网络信息化技术的各项功能之外，还要做到灵活运用网络信息化技术的优势，以便于更好地为高校教师开展思政教育工作创作各种有利条件。高校可以针对思政教学建立专门的思政教学网站，把线上和线下的思政教学结合在一起，从而保持相同的规划与部署。在线下的思政课堂对学生进行思政教学的同时，也在网络上为学生提供相应的教学视频、教学资料等，在网络上对学生进行思政教学管理，并且和学生进行深入的思政教学互动。除此之外，高校还可以在网络上建立官方账号。由于这些新媒体具有一定的灵活性和吸引性，高校将这些新媒体账号作为思政教育平台，既可以使思政课堂教学的吸引力增强，又可以不断加强思政课堂教学的感召力，对高校思政教学有着非常重要的作用和意义。

（二）加强社会主义核心价值观引导

众所周知，网络存在一定的可能性给学生带来一定的负面影响。为了有效减少和避免这些负面影响，高校非常有必要在网络思政教学平台中，进一步加强对学生社会主义核心价值观的正确指引和引导。简单来说，就是高校完全按照社会主义核心价值观的内涵，专门针对学生开展一系列的网络思政教学，从某种意义上来说，既和学生的个人发展有着不可分割的关系，又和社会、国家以及民族的未来建设有着紧密的关系。高校学生只有对社会主义核心价值观有深入的领会，以及贯彻落实和执行社会主义核心价值观，才可以最终在社会中形成比较好的影响效应，使我国社会主义核心价值认识和践行水平得到全面的提升。高校在网络思政教学平台中可以尝试从网络上搜集各种资料，如文字、图片等，并且在对搜集来的资料进行编辑的时候，完全按照爱国教育的主题来进行，编辑完之后将这

些爱国的资料推送给学生，进一步培养学生的爱国情操以及全面提升学生的爱国主义精神。高校利用网络积极引导学生从历史的角度和民族的角度来全面、客观地认识和了解国家，通过学习我国优秀的传统文化以及各种民族苦难，既培养学生的文化自信心，又培养学生民族的自尊心和自豪感，让学生从内心深处产生对国家的热爱情怀，只有这样学生的爱国精神才会有重要的根基，并且经得住任何考验，不仅在受到外来思想的影响下不会发生动摇，同时也不会因为开放的社会环境产生动摇的心理。

（三）提高思政教学的时效性

以往的高校思政教学还没有改革之前，在教学内容上相对来说比较固定，内容更新比较缓慢，极易出现和时代、社会脱节的现象。高校通过运用网络的各种技术优势，如信息量大、信息更新快速及时等，使高校思政教学的时效性得到快速提升，有效解决了和时代、社会脱节的现象，使思政教学更加地贴近时代、生活和学生，将学生在思政教学中的主体地位完全展现和凸显出来，从而让高校开展思政教学更加具有现实意义和价值。众所周知，思政教学在网络的影响下具有一定的信息化和网络化，教师完全可以把学生的就业以及未来发展作为思政教学的主题，并且通过先进的网络技术平台，为学生进一步分析出未来严峻的社会就业形势，同时按照学生的个人兴趣、爱好和专业等，为学生推荐未来适合的发展方向，以及推送不同行业和领域的具体职业规划方法，积极指引、引导学生正确地认识和掌握社会，从而可以更好地树立个人最终目标。

（四）增强思政教学的趣味性

当前，我国高校思想教学的重要目标之一就是培养学生始终坚定马克思主义信仰，这不仅对维护国家意识形态安全以及社会的和谐稳定非常有利，而且可以培育出一批中国特色社会主义建设的优秀主力军，使学生在综合素质方面的能力得到全面、快速的提升和发展。实际上，从传统课堂教学的情况来看，思政课对于学生来说比较枯燥和乏味，很多学生在学习的时候感到抽象和无趣，因此就导致课堂教学的教学成效比较一般。思政课堂利用网络信息化技术的功能和优势，可以有效摆脱传统课堂教学存在的教学困境，使思政教学的趣味性得到增强以及教学成果得到进一步的提高。除此之外，学校为了能够培养学生全面、科学和正确的世界观，积极引导学生用宽广的心胸与更高的眼界来接受和认可生活的世界，在思政教学中需要在马克思主义相关理论下进行多方面的教学，如个人、政治等。高校教师在教学的过程中，假如选择这些比较单纯的理论化教学方式，那么学生在学习的时候会感到非常的抽象、枯燥和无聊。当教师借助更加直观化、形象化和趣味化的网络新媒体方式，对学生开展思政教学，以及科学、正确的指引，引起学生对思政的兴趣，充分调动学生学习思政的主动性和积极性，以便于对马克思主义理论的重要价值和含义有更加深入的领会，并且学生在实际的生活和学习中将其作为基本指导，使自身在思想政治素质方面的根基得到进一步的巩固和加强。

（五）线上线下“双线”配合

高校在搭建好信息化的思政教学平台之后，需要将线上的教学活动和线下的教学活动两者结合在一起。高校虽然将思政教学平台搭建完成，但是并不代表着把所有的教学活动转移到平台上，线下教学活动有着线上教学活动没有的优势，在教学中非常重要，不可或缺。教师在教学的过程中想要起到最理想的思政教学成效，需要线上和线下的教学活动形成非常密切的配合，形成教学合力之后，才可以达到最佳教学成效。例如，教师可以在线下的各类思政活动中，通过拍照的方式将活动中的实际情况完整地记录下来，并且通过在网络上注册好的新媒体账号在平台上推送给学生，不仅使学生对学习的记忆和感悟加深，而且可以进一步加深学生对学习的体验。高校构建思政教育网络体系主要目的是快速促进思政教育在网络中的渗透性。当前，随着互联网技术的发展和时代的进步，在学生的学习和生活过程中网络已经逐渐深入其中，无论是学习还是娱乐都成为不可缺少的一部分。高校要紧紧抓住这一关键点，及时、快速地占领网络平台的制高点，不仅要通过各种方式努力的构建思政教育平台，还要努力为学生打造良好的校园网络环境。

第三节　高校共青团与“三全育人”的创新

一、高校共青团思想政治教育工作分析

（一）共青团服务高校思想政治教育的优势

1. 政治优势

众所周知，共青团作为党领导的先进青年群众组织，既是党的助手又是党的后备军。为党做好青年群众的各项工作是共青团的主要职责。历史已经很好的证明，让国家不断走向胜利的根本保障就是始终坚持党的领导，同时它也是有效确保共青团各项工作取得良好效果的根本保障。这就要求共青团要始终坚持在党的领导下，并且主动承担和肩负起正确指引、引导广大青年的政治任务，对党的权威进行坚决的维护，不断夯实党的执政基础。因此，这既是衡量共青团工作的重要政治标准，又是有效确保共青团工作取得良好成效的重要政治保障。

2. 组织优势

万众的组织体系，不仅可以为政策的实施提供基础保障，而且可以为相关活动的开展提供重要的基础保障。从中央到地方指导基层共青团系统拥有非常完整的组织体系，特别是学校共青团从中学开始一直到大学共青团的覆盖比例逐步提高，并且班团建设也在其影响下不断加强，因此，庞大和完整的共青团组织架构，从某种程度而言，为开展学生的思政教育提供了极为稳定的重要组织保障。共青团作为党与政府联系青年的重要桥梁，始终坚持的组建原则就是团的组织建设要紧随青年，坚持的工作原则是团组织专门针对青年需求开展工作，通过各种方式快速提升对青年的吸引力，并且不断加强和青年之间的密切联系，这除了是党中央对共青团的重要要求之外，还是共青团组织的优势所在。

3. 队伍优势

我国高校思政工作队伍的重要和主要生力军就是共青团干部。在我国大多数情况下青年团干部的年龄和青年学生相仿，无论是生活阅历还是生活环境都非常地相似，兴趣爱好也相同，甚至还有刚毕业的共青团干部，积极主动参加高校的共青团工作，这些在一定程度上使得共青团工作的教育者和受教育者并没有比较

明显的代沟。除此之外，高校共青团在开展和组织一系列活动的时候能够很好地和青年学生在步调上面保持一致，充分遵循了青年学生成长的规律，以及更大范围地赢得更多青年学生的认可和支持。

4. 资源优势

众所周知，开展高校学生思政教育的重要阵地就是高校共青团，共青团聚集了很多优秀的青年团员和干部，从某种意义上看他们都是高校非常优秀的青年群体代表，为积极开展和组织思政教育活动提供了极为丰富的人力资源。与此同时，学生会、社团联合等都是高校共青团的管辖范围，承担和肩负着校党委、各个职能部门及时联系青年学生的重要职责和使命，作为两者之间的桥梁和纽带能够快速打通校内各个部门、学校和社会之间的关系，使校内外的各种资源得到更好的整合，以便于可以为共青团组织开展各种思政教育提供非常充足的资源保障。

（二）共青团服务高校思想政治教育现存问题

1. 工作活动问题

一方面，学生思政教育长效机制建设是高校共青团工作体系相对比较忽略的问题。我国部分的高校在开展团组织活动的时候，把工作的重点放在了表面形式上，如活动的宣传、包装等，虽然表面看起来绘声绘色，但是在活动结束之后几乎所有的高校都没有后续跟进，这样的结果就是无论是活动蕴含的核心价值，还是活动蕴含的意义都没有充分展现出来，同时思想引领的持续性也没有很好地展现出来。由此可见，在我国部分高校的共青团工作系统在工作机制上面还相对比较缺少相应的系统化和科学化。

另一方面，高校团组织在开展各种思政教育工作的过程当中更加倾向于形式化，如学习讲座、报告会等，并且还是临时性的。部分高校团组织虽然也会定期开展形式多样化的活动，如志愿者服务行动、实习实践等，但是在开展的众多活动中存在着一些内容上的相互交叉。

2. 育人功能问题

一方面，共青团工作评价大多数采用记录式评价。记录式评价虽然有着比较强的可操作性，但在直观性方面并不明显，因此学生在参与团组织活动的时候相对比较缺少约束性。学分式评价和记录性评价相比虽然直观有效，但是非常容易使学生在参与各种活动的时候带有一定的功利性。由此可见，无论是记录式评价还是学分式评价都带有某种局限性。

另一方面，部分高校为了能够有效摆脱以上多种评价形式的束缚和局限，通过先进的大数据技术对学生参与各种活动的具体过程进行相应的评价反馈。从客观层面看，学生参与各种活动的具体活动效果判定难度较大，这就在一定程度上使得高校效果评价机制依旧存在不足，不够完善。从主观层面看，团组织活动评价和学科课程评价相比具有一定的差别，因此使得相关评价主体，无论是对学生综合素质的评价，还是对人才质量的评价等方面的认同度都相对比较低。

3. 育人联动问题

第一，大多数情况下，高校团委推动和促进共青团各项工作的顺利进行，和其他部门比起来运行较为独立，并且在统筹协调方面没有比较紧密的联系。

第二，由于数量大、频率高等原因，一些高校在开展团组织活动的过程中极易出现学生考勤不到位，部分数据在对接的过程中不快速、及时和透明等现象，使得团组织对相关活动的动态信息无法全面、客观地掌握和了解，从而给共青团工作的动态管理的实现带来一定难度。

二、高校共青团“三全育人”的工作创新

（一）明确育人目标和把握方向性

高校在开展共青团工作的过程中既要对育人目标进行有效的明确，又要把握正确的方向，从而更加高效率地实施“三全育人”相关要求。随着我国教育事业的不断发展，高校在教育改革的背景下，根本教育方向应该是重要的理想信念，并且还要以重要的社会主义核心价值观作为正确的引领，快速促进和推动高校学生的全方位发展，以此作为正确的导向，积极培养符合新时代要求的优秀人才。无论是政党、国家还是民族，想要形成非常强劲的凝聚力与向心力，需要确立正确的共同理想信念，因此高校在“三全育人”积极推进改革的时候放在首位的应该是理想信念教育，并且和学生的实际发展情况充分结合在一起，对学生进行更好的教育和培养，以便于进一步培养学生远大的理想与社会抱负。高校在具体教育的过程中，应该把德智体美劳这个五个方面作为学生根本发展与培养的最终方

向。同时，需要努力培养出有着真正本领、技术和担当的新时代优秀人才，因此，高校在教育理念改革的时候既应该以目标分类，又应该以过程作为评价新人的重要因素，努力构建出全新的人才培养模式，并且将创新人才培养体系更好地落到实处。除此之外，高校共青团在开展活动的时候应该以快速、全面提升学生实践与创新能力作为最根本的发展方向，既要把第二课堂成绩单制度落到实处，又要把各个方面的内容，如劳动教育、个人素质等纳入学生全面发展的过程中，以便于使学生的综合素质得到持续的全面提升。

（二）聚合育人资源以体现协同性

高校共青团在开展工作的过程中应该做好聚合资源这项非常重要的设计工作，将全新的重要聚合价值展现出来。同样的高校在开展“三全育人”工作的时候也应该将资源的整合进行重点的突出，并且将其作为重要的依据，以便于使得综合改革的设计方向得到充分的明确。一方面，高校在建设主力军的时候，应该积极推动和促进思政工作队伍的打造，以及专业教师在协同方面能力的高效培养，尤其是从各类的相互交流合作活动来看，应该将学生和课程开设的实际情况充分结合起来，并且积极鼓励思政教育教师在其中肩负更加重要的使命和角色。另一方面，注重和强调对培训的一系列正确指导，努力做好资源适配这项重要工作。同时，还应该和实践研究结合在一起，将主渠道打通，从而能够真正落实共青团的创新工作，快速、全面提升高校专职教师在个人和育人方面的相关能力。

（三）遵循育人规律以突出针对性

在开展学生思政工作的过程当中，高校应该遵循育人的具体规律，针对性进行突出和强调。强调和突出高校思政教育工作应该紧随时代步伐，和新时代的全新发展以及学生的不同需求充分结合，并在考虑相关规律的基础上对育人规律进行全面的考虑，打造出教育体系充满积极的正能量，同时将其作为规律持续、全面、快速提升整体工作的水平与能力。也正因如此，高校在“三全育人”的综合改革当中，应该以此作为主要依据，在全面发展的基础上，对各个过程的衔接性进行重点突出和强调。素质教育需要在整个过程的进行中持续不断努力，因此应该把发挥学生个性以及学生参与度，作为“三全育人”综合改革的根本追求目标，全面、科学和快速提升学生在综合方面的素质，以及不断培养学生在个性方面的能力。

（四）注重校园文化建设

众所周知，人的思想品德是在某些特定的环境中形成以及不断发展的，高校的思政教育活动也是如此，主要是以全面培养与快速提高学生思想品德为目标的。学生在校期间无论是生活、成长还是学习，长期的稳定环境就是校园，校园文化借助校园的诸多载体，如校歌、文体活动等，经过长时间潜移默化的影响，最终促使学生思想品德的形成。由此可见，在我国高校的校园文化建设过程中共青团肩负着极为重要的任务与使命。与此同时，学生会、班级团组织等作为多种多样的校园文化活动主要建设者，共青团在开展丰富多彩校园文化活动时，如文娱体育、志愿服务等，不仅要充分按照学生的成长规律，而且要和学生的年龄特点以及广泛的兴趣爱好巧妙地结合在一起，以便于在校园建设文化活动的过程中真正把思政教育的重要内容融入其中，从而更好地让学生在各种不同的校园文化活动中长期受到校园环境的影响和浸润。

第四节　高校管理服务育人的创新

一、高校管理育人的现状分析

（一）高校管理育人现存问题

现阶段各个高校根据自身的情况与特点进行相应的教学改革，同时设置了符合校情的管理机制、规章制度与人员安排，这些都促进了管理育人工作的有效进行，使管理育人发展到一个新的阶段。但是当下的管理育人工作仍存在着管理理念“异化”，管理与育人有待融合；认识存在误区，管理人员素质有待提升；民主氛围不足，管理制度有待完善等问题。

1. 管理理念“异化”，管理与育人有待融合

异化的管理理念在目前的高校管理育人中是较为常见的问题，这种理念主要

是“束缚”人。很多学校都为了设定一个比较高的标准来对学生进行高度规范化的管理，一些高校将工业体系中的一些管理理念与程序照搬到高校管理育人之中，这使管理成为高校为了追求行为约束与规范的“控制工程”。高度规范的管理将教师固定在各自的岗位上，而且通过日常管理制度制定教育的目标、任务及行为模式，这一举措既有好处又有坏处，好处是有利于提升学校管理效率与管理水平，坏处是则是在一定程度上阻碍管理育人的价值发挥。教育应该富有创造力与生命意义，是一种向真、向善、向美的活动，而当教育与管理越来越看重组织、规则、标准，并把这种模式逐步推向极端时，就会在一定程度上抑制教育中的人文精神。“异化”的管理理念，使师生在教育与管理中不能产生激情的内心，获得诉诸心灵的自我精神体验，在一定程度上降低管理育人的实效性与感召力，弱化管理对师生的人格提升、价值赋予和心灵升华。

现代大多数人都认同教书育人是高校的任务，但是多数人认识不到管理育人的重要作用和意义。一部分人认为，教育就是指知识的传递，这些是辅导员、班主任与专业课教师的责任，而高校的管理人员并没有参与这些工作，也就在一定程度上没有对学生产生教育作用，这些人相对比较忽视了管理对于学生潜在的教育作用。还存在这样一种现象，一些班主任与辅导员将工作重心放在学生日常事务管理上，对于学生的思想道德素质与心理素质并没有太多关注，在他们的管理工作中，出现育人与管理相剥离的现象，这不但消解了学校整体德育的合力，而且在一定程度上阻碍了“三全育人”的发展。

2. 认识存在误区，管理人员素质有待提升

一些学校为了提升管理队伍的素质，在专家治校、教授治校理念的影响下，聘请越来越多具有较强科研能力的高学历、高职称的非管理领域人才来担任中高层管理职位，但是在一段时间过后，人们发现科研能力强并不等于管理能力强，其他领域的专家并不一定可以在管理领域发光发热。通常情况下，对于教学人员、科研人员评价的重要标准是学历、职称与科研能力，这是因为高校重视学术权威，假如将这些标准照搬到对高校管理人员的评价中，会造成多方面的差异，缺乏客观性与科学性，使管理人员忽略管理这项本职工作。

另外，还存在着学校对于管理人员的人员定编与岗位培训重视相对比较不足的问题。管理被人们当作是一种门槛较低，人人都行的工作。由于管理工作相对

比较不受到人们的重视，管理人员工作的热情与积极性都会受到一定的影响，而且一些学校也相对比较缺乏对于管理人员的系统性培训，这就导致管理人员提升自身能力的方法有限，同时缺乏对于管理原则与方法的认识，在管理工作中依靠直觉或者前人的经验来进行中，对于日益多元化、复杂化、增量化的管理工作不能够很好地完成，影响师生的管理育人工作。

3. 管理制度有待完善

规范、科学、完善的管理机制是高校育人工作推进的前提。

一些高校在设计管理制度时，相对比较缺乏对学生的关怀、在一定程度上忽视学生的诉求。针对这一现象，高校应积极完善相应的管理制度，保障学生的权益。

（二）高校管理育人现存问题的原因分析

新形势下高校管理育人依然存在方方面面的问题，在一定程度上阻碍了高校育人工作的开展。分析高校管理育人中存在的问题原因，有助于高校走出管理育人的困境。经过分析可以发现有着学校与管理工作队伍的内部成因、管理者家庭与社会的外部成因。

1. 内部原因

（1）学校层面

作为育人的主要场所，学校对于管理育人的发挥有着重要的影响。管理工作者的情绪与心态可能会受到学校环境氛围、薪资待遇、学校规章制度、管理育人机制的影响，这些因素的改变会使管理育人工作出现一定的问题。

①学校制度及管理模式不能适应新形势的需要。

高校管理育人的传统方法与制度逐渐不能够满足形势要求，因此需要高校在管理工作中求变。但是一些高校仍然没有意识到这一问题，依然把重心放在学生的知识传授与教师的科研工作，另外，一些高校由于相对比较缺乏管理育人的有效经验，将其他学校的一些管理方法与制度进行照搬，没有综合考察本校师生的具体管理情况，脱离了实际，育人工作的效果不佳。

②高校管理育人缺乏量化标准和激励机制。

明确的考核与量化标准可以使工作人员全身心投入工作中去，管理人员的工作效果也可以通过明确的量化得到公正、公平、客观的评价，高校管理人员也可以从其中明白管理工作中的不足，并且加以改进。

一部分学校制定了相应的考评体系，但是在落实方面遇到了一定的困难，相对比较忽视进行积极探索的管理者，在一定程度上阻碍管理育人的可持续发展。

③高校对管理工作者的培训培养欠缺。

现阶段高校管理工作者存在的另一项问题是岗位培训的落实有一定的难度，岗位培训不到位，造成部分管理人员的专业知识与技能难以满足岗位要求，使管理队伍不能够满足专业化要求的标准，从而使管理育人效果不佳。

（2）管理工作队伍层面

外在因素是事物变化的必要条件，内在因素是事物变化的根源，外在因素因内在因素的变化而变化。高校管理育人工作的问题归根到底是高校管理工作队伍层面存在的问题。

①部分管理人员的业务能力不强。

管理工作人员不仅需要有管理的知识和技能，而且需要对学生进行思想政治教育，两者共同组成管理工作队伍的业务能力。造成管理工作队伍业务能力不强的原因有如下两点。

第一，存在认知偏差。认为思想政治教育工作不属于自身的工作职责范畴，使育人工作难以达到预期。高校的一些管理工作人员了解自身在育人方面具有重要作用，而不知道如何进行育人，这种情况也会影响管理育人的效果。

第二，培训落实情况较差，不能学以致用。一些管理人员在培训中不认真，根本就没有学到知识与技能，而一些认真学习的人员也会在培训之后的管理工作中渐渐遗忘培训内容。这种流于形式的培训会影响管理人员的能力提升。

②管理工作队伍存在重管理轻育人现象。

当前高校管理育人依然存在“两张皮”的现象，工作人员将重心放在管理上，而忽视了育人工作，展现在如下两方面，一方面，在思想认识上，管理工作人员将管理与育人相剥离，认为其工作的职责就是服务好学校的管理与科研工作；另一方面，在工作中，辅导员、班主任等一线的学生工作者相对比较忽视了对于学生道德品质的培养，过多地将精力投放在学生的成绩上。

值得一提的是，有一部分管理工作人员育人意识差，总是用消极的态度来对待教职工与学生的求助；还有一些工作人员认为自己不犯错误就不会丢了工作，干好干坏一个样，所以消极地去工作。

2. 外部原因

（1）管理者家庭层面

家庭也对管理育人中的管理者有一定影响。在人的成长中，家庭有着不可磨灭的作用，管理者的工作态度与方式受到家庭层面的影响，可以分为家庭情况与家庭观念。

①家庭状况：高校管理工作人员大都已经成家立业，他们身上的家庭负担较重，一些人并没有把心用在工作上，因为他们有的要分出精力照顾老人，有的还要兼顾孩子的学习任务，这些因素使管理人员没有办法将更多的精力投入学校管理工作，因此导致育人效果变差。

②家庭观念：一些管理人员由于家庭观念的影响，认为工作中管好自己就行，对于与自身无直接利害关系的事情一律不予理睬。当下许多管理工作人员在这种观念的影响下，工作时不将自己当作一位传道授业的教师，而是只考虑自身，躲避无直接联系的其他事项，使管理育人工作无法有效展开，育人效果也难以令人满意。

（2）社会层面

科技的发展与经济全球化使全世界各个方面的联系越来越紧密，文化之间的交流也越来越频繁，目前越来越多元的文化传入校园，在多种价值观的影响下，学校管理人员的育人思想出现了一些问题，导致管理育人效果不佳。

西方的一些文化与思潮对大学生产生了一定的负面影响，一些大学生在西方文化的影响下对本国优秀传统文化的认同感降低，更有甚者对于本国文化出现不自信的现象；同时一小部分大学生的价值观与取向出现了一定的偏差。这些对高校管理育人工作和思想政治教育工作有着一定的影响，给高校育人工作带来一定的难度。

二、高校管理育人实践的创新路径

（一）完善管理育人政策制度，保障育人机制

政策制度是行为实施、工作进行的保障。为了使育人理念贯彻到管理工作人员的日常工作中，需要建立一套健全的管理育人制度，同时还需要建设良好的制

度育人环境，以实现育人目标。所以，目前高校管理工作的关键是建立健全管理育人政策制度。

1. 完善建立与时俱进的政策制度

完善建立与时俱进的政策制度是管理育人工作流畅进行的前提与先行条件。对于一些不利于高校管理育人工作进行的旧政策，高校需要将其进行分类与整理，深入开展民意调查，然后对政策制度进行完善。

另外，还要落实好新的制度，实践是检验政策制度的关键，政策制度需要在实际运用中才能够发挥正确作用，只有对政策制度有所了解、掌握之后，才能够使政策制度顺利实施。所以管理工作者需要充分掌握政策制度，只有将其真正掌握后，才能够在政策制度中更好地完成育人工作。

2. 建立符合时代要求的高校管理育人体制

为了现代大学生的发展与成才，需要建立符合时代要求的管理育人体制。

（1）自上而下，内外结合，建立层析清晰、功能健全的管理育人工作体系

建立党政齐抓共管、党委统一领导的新格局。建立学校主导，个人、家庭、社会共同参与，实现校内校外联动的机制，完善大学生的自我教育功能，使大学生实现自我教育，建立专职兼职相结合的队伍，形成全体教职工紧密配合的局面，有机融合家庭教育、学校教育与社会教育，从而形成多方面的合力促进育人工作的开展。

（2）建立并完善与高校管理体制相适应的管理育人工作机制

只有建立与管理育人工作相适应的工作机制，才能有效展开管理育人工作，管理育人工作机制的建立可以分为以下 3 个方面。

①管理育人目标机制的建立。

②管理育人考核激励机制的建立。

③管理育人监督机制的建立。

（二）提升管理育人队伍能力素养，发挥榜样示范作用

高素质的管理队伍会使管理育人效果起到立竿见影的榜样示范作用，这是由于管理育人队伍是管理工作的主体，其具备的能力与素养是实现管理育人目标的关键。

1. 提高管理工作者对管理育人的认识

在育人工作中，管理育人具有重要的作用，管理工作者需要提升对于本职工作的正确认识。

第一，是学校全体认识到管理育人的重要性。财政部门要在管理工作中投入足够的资金与人力来对管理育人体系进行优化，以形成良好、和谐的管理育人环境和氛围。

第二，管理工作人员要认清自身工作与思想政治教育的练习，同时要明确自己的职责所在，认识到教职工无论具体职责如何，都有着育人的责任。管理工作人员需要认识到管理工作与思想政治教育工作是相互依存的，两者相互促进、相辅相成。管理工作人员要提升自身的主动性、自觉性与使命感，在管理育人工作中对自身进行严格的要求，以期在管理工作中真正达到育人的效果。

2. 加强管理工作者素质培养提高工作能力

对于管理者来说，其管理育人职责的实行与育人水平受到本身素质与能力的影响，同时管理工作人员的能力也决定着育人目标的实现与否。所以，为了提升管理育人的水平，有必要建立一支能力较强、素质优良、善于开拓、作风过硬的管理队伍。

因此要健全管理育人的培训机制，使管理人员在培训中把握好内容、方法，以最大幅度提升管理工作队伍的素质与能力。所以提出以下 4 点建议。

①保证管理人员可以通过定期的培训来提升能力，频率至少为一学期三次。

②内容方面理论和业务并重，职业道德培养与人际沟通能力结合。

③在方式上定期和不定期相结合，注重效果评价和灵活性。

④在方法上以校内纵向、横向交流为主，加强校内外合作为辅。

3. 发挥管理工作者榜样示范作用

（1）管理工作者要提高自身修养做学生榜样

对于管理工作人员来说，道德修养包括社会公德修养和职业道德修养。社会公德修养需要管理人员在日常的工作和生活中形成符合社会行为规范的价值标准。职业道德修养提升的关键在于不断地学习与培训，从而提升管理技能，是管理工作更加流畅。

（2）管理工作者要以自身的工作行为方式为学生做表率

随着社会的发展与高校改革的深化，管理人员在日常生活中遇到的人际关系与管理事务越来越复杂。为了更好地进行管理工作，专业工作人员需要保持一颗平常心，以积极地心态处理事务。在具体工作中，管理人员需要以关怀友善的态度、忠诚的服务理念展现自身的素质，热情服务师生。同时在工作方法上，需要向师生展示管理工作队伍的新风貌，用具有开拓意识的思维和创新的意识、以人为本的工作理念、用热情的工作态度、求真务实的工作作风为广大学生起到良好的表率。

（三）创新管理育人方式方法，提升管理育人实效

管理育人方法对管理工作效果与学生成长有着深刻的影响。而目前高校中的管理育人方法效果差，有的甚至对学生的成长起到负面作用，这些观念陈旧的管理育人方法与方式需要及时改善。因此管理育人方法的创新是当务之急。

1. 创新管理育人方法，提高管理育人的科学性

第一，要改变旧的管理思维，创新管理育人方法。一是要坚持与时俱进的工作思路，要随着时代的变化发展，按照大学生身心成长成才的发展规律，坚持具体问题具体分析；二是要明白管理育人工作不可能一蹴而就，必须做好长期的、打持久战的准备，持之以恒地开展育人工作，尤其是要克服在取得一点成效后就认为达到了育人目的的心理；三是要更新管理理念，改进工作方法，深入实际探究学生身心的发展规律，采取适宜的管理育人方法，制定科学的管理育人规划。

第二，发挥学生组织自我管理作用，建立和完善学生自我管理机制组织，让其成为高校思政工作强化自身功能、增强管理育人、适应时代发展的突破口。还要不断建立和完善学生组织，不断开发学生的创新意识和能力。此外，还可以通过学生干部自身的影响力和威信力做同学们的思想工作，维护规章制度的权威性，使学生干部在这些管理活动中提高自身的能力和水平，提升他们的自我管理能力，实现学生干部的育人作用。

2. 坚持“以人为本”的工作思路和方法

“治天下者，以人为本。”[①] 培育人是教育的本质，教育与管理中都应该体现

① 吴兢．贞观政要．南京：江苏凤凰科学技术出版社，2018.

以人为本的发展理念。高校需要对当代大学生进行针对性的管理，同时还要在管理中心贯彻落实以人为本的理念。

①制定政策时，深入实际开展调查研究，充分尊重学生，听取学生的诉求，让学生有足够的发言权，讲求民主化原则，使政策符合学校与学生的实际，保证学生的健康发展。

②管理工作人员在进行管理工作时，需要综合考虑解决学生的思想问题与实际问题，通过针对性地解决学生的困扰，来实现潜移默化的管理育人工作。

③管理人员要多与学生进行沟通，采用合理的方式来了解学生的情况，在尊重学生的前提下使学生参与管理，在其中发挥主动性、积极性与创造性，改变学生在管理中的被动与从属属性。

（四）优化管理育人氛围，营造和谐育人环境

对于高校管理育人工作来说，和谐的、适于学生成长的管理育人环境是十分必要的。这里的环境可以分为两方面，分别是社会环境与校园环境。

1. 优化管理育人社会环境

（1）创造公平公正、繁荣的经济环境

社会需要公平、公正，公平是大学生普遍崇尚的高尚情操，一个公平的经济环境有助于培养大学生公平的竞争意识。所以为了大学生正确价值观的确立，公平公正经济环境的确立是十分有必要的。

生产方式决定人类社会的发展，而经济环境指的是某一时期一定社会物质资料生产方式。因此对于上层建筑中的道德教育与思想政治教育来说，经济环境有着重要的基础与决定作用，这意味着经济环境会对价值观念产生一定的影响，因此为了使大学生形成良好的品德与素养，需要经济繁荣发展，物质不断丰富。

在社会各界的努力下，公平公正的社会经济环境才有可能真正实现。这就需要国家确定相关的政策法规来促进社会经济的发展，同时也需要政府部门增加对于教育公平的重视，整合教育资源，加大教育投入，平衡教育差距来减少教育不公现象的出现，完善奖学金与助学金政策来增强对于贫困生的帮助。公平公正、繁荣的社会经济大环境需要社会各方面同时努力。

（2）打造和谐稳定、民主、清明的政治环境

通常来说，政治环境是指在一定社会中，一定时期的政治体制、政治制度、

政治活动的综合。对于大学生价值观的培育来说，和谐稳定、民主、清明的政治环境是使其形成正确观念的前提。在当下的社会中，人民有着言论自由的权利，而且认同感较强，因此，为了给当代大学生带来足够的信任感与安全感，需要建立一个政治民主、有法可依、有法必依、执法必严、违法必究的政治环境，通过这些，大学生可以认识到民主政治的重要性。

为了实现政治环境的稳定和谐、政治民主，需要做到以下 3 点。

①政府相关部门制定与完善相关政策与规定，使人们的行为活动在一定的规则下进行，对于违法犯罪活动进行严厉打击；同时还需要重视维护社会稳定的相关工作，其中公共事务的解决与自然环境的治理都需要进行根治，以实现社会环境的稳定和谐。

②国家要积极完善民主政治制度，做到法律面前人人平等，充分尊重人民的意愿，保证人民的合法权益，保障人民当家作主的权利。

③国家要抓紧反腐倡廉工作，对于腐败行为与人员进行严厉的打击。坚持全面从严治党，让党的光辉形象永驻大学生心中。

（3）营造文明、先进的社会文化环境

作为未来社会主义事业的建设者与接班人，大学生正确价值观的确立是十分重要的工作，以文化为载体，可以培育大学生良好的三观，有助于实现这一育人目标。

加强文化建设是以文化为载体进行育人工作的关键，国家相关部门需要从如下 3 个方面来推动先进社会文化环境的建设。

①创作一些时代性的文化作品，进行健康、样式丰富的文娱活动，通过社会文化活动来使大学生提升思想高度，引导学生的思维方式与行为习惯向正确方向发展。

②相关部门要加强市场监督，对于一些对大学生成长有害的文化进行有效抵制，使科学的文化成为社会文化的主流。

③相关部门与社会、学校要联手进行先进文化教育活动的组织与开展，使学生积极承担先进文化发展的责任。

2. 改善管理育人校园环境

（1）改善校园物质环境

校园环境对于管理育人工作有着深刻影响，校园环境中物质环境是基础与前提，改善管理育人校园环境需要从改善校园物质环境入手。这是因为高校的历史传承、文化价值都体现在物质环境中，对于师生的价值观、情感与管理活动中主客体的状态有着重要影响。良好的校园物质环境不仅能够使学生身心健康发展，还可以使学生奋发向上、积极学习，从而提升学习效率。假如在干净整洁、优雅宁静的校园物质环境中，学生在学习中就会注意力集中、心情舒畅、思维敏捷，从而使学习时的效率有明显提升。所以，对于管理育人来说，校园环境物质的改善是很有必要的，需要引起学校领导的高度重视。

具体来说，可以从以下几方面来进行校园物质环境的改善。

①无论是校园的大小都需要使其布局合理，校貌整洁，充满文化与学术气息，创造集规划、景观、建筑于一体的优美育人环境。在细节方面，可以在校园公共地区粘贴宣传海报，在人流量大的地区置办更多的垃圾桶，使校园物质环境干净、整洁，可以发挥其育人效果。

②大学生在校内停留最多的地点是教室与宿舍，这两个地点对于大学生的成长有着重要的潜移默化作用，因此要加强对于这两个地点的优化。如更新教学设备、多媒体、桌椅板凳、更换床铺、粉刷墙壁等。

③净化、绿化、美化校园物质环境。净化主要指的是保持校园的干净卫生，学校要定期组织教职工与学生进行公共场所的打扫，做到地面整洁、桌椅干净、门窗无灰尘等，从而培养教职工与学生的环境保护意识。绿化主要指的是校园的绿植要符合一定的要求，同时规划要合理、有层次，使校园环境优美宜人，满足师生对于美好环境的要求。美化指的是校园的共设施与环境要大方、美观，能够陶冶人的情操。

（2）积极创建有特色的校园文化环境

校园环境除了校园物质环境外，还包括校园文化环境，又可以称为“校园软环境”。校园文化环境指的是学校所具有的文化氛围与特定精神环境，包括历史、校园人际关系、集体舆论、校风、学风等。和谐、健康的校园文化环境有助于学生良好情操的培养，完成管理育人的工作，使学生全面发展。

校园文化环境的建设需要从以下 3 方面进行。

①挖掘校园历史与文化传统，将校园文化精髓展示给在校师生，举个例子，可以在公共区域或者校内网上进行宣传介绍优秀校友生平，在公共场所张贴校训大字报。

②学校可以通过学生团体组织进行健康、具有意义的校园文化活动，举个例子，如文艺晚会、知识竞赛与趣味运动会等，在这些活动中，学生不仅可以增长知识、增强体魄、发挥才干，还能够感受到校园文化环境的育人作用。

③学校可以在校园文化建设中融入中华优秀传统文化，如开办传统礼仪研修班、国学经典朗诵大赛、红色文化之旅等活动，使学生深入了解民族文化与历史文化，从而增强文化自信，提升民族凝聚力。

参考文献

[1] 曹都国 .“三全育人”视域下高校思想政治工作多元协同的理论与实践探索 [M]. 上海：复旦大学出版社，2021.

[2] 姜雅净，程丽萍 .“三全育人”理念下高校课程思政改革实践 [M]. 上海：立信会计出版社，2021.

[3] 吴玉程 . 新时代高校思想政治工作“三全育人”探索 [M]. 北京：知识产权出版社，2020.

[4] 杨道建 . 新时代高校“三全育人”理论与实践 [M]. 镇江：江苏大学出版社，2021.

[5] 王平 . 高校法学专业“三全育人”探索与实践 [M]. 北京：知识产权出版社，2020.

[6] 张伟宏 . 新时代高校“三全育人”机制研究 [M]. 长春：吉林大学出版社，2019.

[7] 吴坤埔，彭杨 . 高校“三全育人”人开展路径探索与创新 [M]. 西安：西北工业大学出版社，2022.

[8] 苏基协 . 新时代高校“三全育人”理论与实践创新研究 [M]. 西安：西北工业大学出版社，2022.

[9] 付瑞红 . 高校“三全育人”教育体系评估及实践探索 [M]. 秦皇岛：燕山大学出版社，2021.

[10] 张春宇 .“三全育人”理念下高校思政教学创新路径研究 [M]. 长春：吉林大学出版社，2022.

[11] 吴京燕 . 新时代背景下高校推进“三全育人”路径创新研究 [J]. 教育观察，2022，11（4）：27-30.

[12] 荀振芳，房方 . 新时代高校推进“三全育人”的价值意蕴与实践路径 [J]. 高等教育评论，2021，9（2）：76-86.

[13] 李明泽，张晓雁 . 新时代高校“三全育人”工作长效机制研究 [J]. 沈阳建筑大学学报（社会科学版），2021，23（6）：628-632.

[14] 刘思广，陈健栋 . 新时代高校实践育人机制的探究 [J]. 教师，2021（34）：19-20.

[15] 赵燕玲 . 物联网时代下会计信息化建设 [J]. 中国乡镇企业会计，2021（11）：149-150.

[16] 马良艳，张光映 . 论思想政治教育视野下大学生的自我教育 [J]. 湖北第二师范学院学报，2021，38（10）：50-53.

[17] 肖茹 .“三全育人”视域下高校思想政治教育队伍建设的三大原则 [J]. 辽宁教育行政学院学报，2021，38（5）：66-69.

[18] 梁红，余倩，石颖 . 基于“三全育人”的基层党组织育人功能探析 [J]. 教育观察，2021，10（26）：66-67；115.

[19] 高仓健，牛丛，单卫星 . 共青团服务高校思想政治教育“三全育人”路径研究 [J]. 山西经济管理干部学院学报，2021，29（2）：61-64.

[20] 申子童 . 新时代理论教育法的有效应用——以思想政论类节目《这就是中国》为例 [J]. 邢台职业技术学院学报，2021，38（2）：50-54.

[21] 董宇 .“三全育人”背景下高校思想政治教育资源整合研究 [D]. 沈阳：沈阳师范大学，2020.

[22] 包昱辉 . 新时代高校三全育人建设路径研究 [D]. 包头：内蒙古科技大学，2020.

[23] 王婧 .“三全育人”视阈下高校社团建设研究 [D]. 芜湖：安徽工程大学，2021.

[24] 罗馨 .“三全育人”视域下大学语文课程育人的实现路径研究 [D]. 西安：西安科技大学，2020.

[25] 荀建强 . 基于立德树人的高校“三全育人”路径研究 [D]. 重庆：重庆工商大学，2020.

[26] 陆舒湄 .“三全育人”格局下高校课程思政实践路径研究——以《大学英语》课程为例 [D]. 杭州：浙江理工大学，2020.

[27] 于天奇 . 立德树人视阈下高校“三全育人”的创新路径研究 [D]. 石家庄：河

北科技大学，2019.

[28] 杨萍 . 高校“三全育人共同体”的价值追求及其实现路径研究 [D]. 武汉：华中师范大学，2019.

[29] 白赛楠 .“三全育人”视域下大学生隐性思想政治教育研究 [D]. 沈阳：辽宁中医药大学，2021.

[30] 赵翼 .“三全育人”理念下高校“课程思政”建设路径研究 [D]. 重庆：重庆邮电大学，2021.